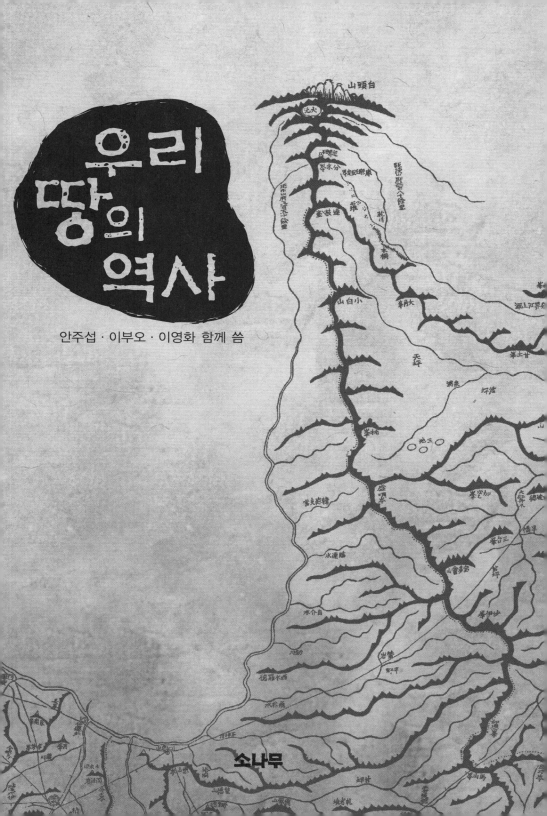

우리 땅의 역사

안주섭 · 이부오 · 이영화 함께 씀

소나무

우리 땅의 역사

초판인쇄일 2007년 6월 25일
초판발행일 2007년 6월 30일

펴낸이 | 유재현
글쓴이 | 안주섭 이부오 이영화
기획편집 | 유재현 이혜영
마케팅 | 안혜련 장만
지도 그림 | 이제호
본문디자인 | 박정미
인쇄제본 | 영신사
필름출력 | ING
종이 | 한서지업사
라미네이팅 | 영민사

펴낸곳 | 소나무
등록 | 1987년 12월 12일 제2-403호
주소 | 121-830 서울시 마포구 상암동 11-9, 201호
전화 | 02-375-5784
팩스 | 02-375-5789
전자우편 | sonamoopub@empal.com

ISBN 978-89-7139-061-0 03910

소나무 머리 맞대어 책을 만들고, 가슴 맞대고 고향을 일굽니다

우리 땅의 역사

제2부 한국 영토의 형성 과정

4. 압록강-두만강 시대 · 200

| 지도 차례 |

책머리에

중국의 고구려사 편입 시도, 일본의 독도 망언 등이 있을 때면 우리 사회는 흥분의 소용돌이에 휘말리곤 한다. 온 국민을 요동치게 하는 분쟁을 겪을 때마다 냉정하고 객관적인 대처가 필요하다고 생각했다. 냉정하고 객관적으로 대처하기 위해서는 무엇보다 그 분쟁의 역사적 맥락에 대한 이해가 전제되어야 한다.

사실, 우리는 우리 영토의 역사에 대해 기초적인 사실조차 알지 못하는 경우가 많다. 언제 어떻게 지금의 영토가 형성되었는지, 현재 영토의 북방 경계와 남방 경계가 어디인지, 국경이 고정적인 것인지 유동적인 것인지……. 뿐만 아니라 우리가 통상 알고 있는 역사적 사실일지라도 새로운 의문을 제기할 수 있다.

대한민국 헌법에는 "대한민국의 영토는 한반도와 그 부속 도서로 한다"고 규정되어 있다. 하지만 '한반도와 그 부속 도서'라는 지리적 개념과 범위는 명확하지 않다. 한반도의 북방 경계가 압록강과 두만강이라면 압록강-두만강 너머에 있는 간도와 녹둔도에 대한 우리의 영유권 주장은 어떻게 가능한 것일까. 헌법을 제정할 당시 간도와 녹둔도를 의식하면서 이 조항을 헌법에 명시한 것일까.

오늘날 휴전선은 한반도 허리부를 끊고 있는 분할선이다. 그런데 우리 역사상 한반도 분할에 대한 국제적 논의는 여러 차례 있었다. 임진 왜란 때 명과 일본은 대동강 선으로 한반도를 분할하고자 했다. 청 · 일전쟁 발발 직전, 영국은 양국의 전쟁을 막기 위한 방편으로 청과 일본이 한반도 북부 지역과 한반도 남부 지역을 각기 분할 점령하라고 제안한 바 있었다. 러시아와 일본은 39도 선 분할을 두고 거듭 협상했고, 협상이 결렬되면서 러 · 일전쟁이 발발했다. 해방 후 미국과 소련은 38도 선을 경계로 각기 진주했다. 왜 주변 강대국들은 거듭 한반도를 분할하려고 시도했던 것일까.

일본은 조선 시대부터 독도가 자기들의 영토였다고 주장한다. 그런데 조선 시대 고지도에는 독도는 말할 것도 없고 대마도도 조선 영토에 속해 있다. 백두산을 머리, 한양을 심장, 제주도를 오른발, 대마도를 왼발로 여겼던 조선의 영토 인식이 작용했기 때문이다. 그처럼 조선 영토로 인식되던 대마도가 언제부터 일본 영토로 인식되었을까.

우리의 역사 인식은 대체로 정치사 중심이다. 정치사 중심의 역사 서술은 정권 쟁탈 과정에 초점을 맞추게 된다. 정치사적 입장에서 보면, 고려와 조선은 다른 나라이다. 그러나 영토사적 입장에서 보면 고려와 조선은 같은 나라이다. 지난 반만 년 동안 숱한 왕조가 명멸했음에도 불구하고 '한민족의 유구한 역사'라 표현할 수 있는 역사적 계승성이 있다. 흔히 그 역사적 계승성의 요인으로 혈연, 언어, 문화 등을 거론하면서도 영토를 꼽지는 않는다.

한반도에 살아야만 한민족인 것은 아니다. 동경, 모스크바, LA 등 세계 각지에 사는 한인도 한민족이다. 그러나 한반도라는 영토가 한민족의 주축 공간임에는 틀림없다. 한민족이 형성될 수 있었고 현재도 유지될 수 있는 공간적 토대는, 한반도라는 영토에 대한 역사 인식에 있는 것이다. 그럼에도 불구하고 영토의 중요성에 대한 자각, 영토 분쟁에 대한 역사적 이해는 매우 미흡하다.

이처럼 영토사에 대한 이해가 미진한 것은 우리의 한국사 인식의 문제점에 기인하고 있다 할 수 있다. 무엇보다 우리의 역사 이해가 대단히 내부 편향적라는 것이다. 영토사는 기본적으로 국제 관계사의 입장에서 접근 가능한 역사이다. 국가 사이에 영토를 획득하고 상실하는 과정을 체계화하는 역사이기 때문이다. 그간 한국사 이해는 정치사, 제도사, 경제사, 문화사 등 국내사 위주로 이루어졌고, 더욱이 국제 관계사인 전쟁사, 외교사 연구조차도 자국 중심적이었다. 그러나 영토 변천과 영토 분쟁은 자국 중심적 이해만으로는 그 정황이 파악되지 않는다. 영토사는 한국사를 주변국과의 관계, 즉 국제적 관점에서 우리 자신을 들여다보는 시각을 필요로 한다.

이 책은 2부로 구성되었다. 1부에서는 현대 영토 분쟁을, 2부에서는 한국 영토의 변천을 다루었다. 1부에서는 현재 대한민국이 안고 있는 영토 분쟁을 세 부분으로 나누어 접근했다. 한반도 분할을 둘러싼 분쟁, 간도와 녹둔도를 둘러싼 북방 분쟁, 독도와 동해를 둘러싼 일본과의 분쟁이다. 이들 분쟁은 모두 현재의 실효적 지배와 과거의 역사적 연고권이 다르다는 데서 발생하고 있다. 이들 분쟁의 요인이 되고 있는 역사적 연고권의 문제를 이해한다면, 현대의 영토 분쟁은 미래에 내재된 전쟁이라는 사실, 즉 영토 분쟁은 꺼지지 않는 활화산이라는 사실에 경각심을 가지게 될 것이다.

2부에서는 영토 변천을 중심으로 한 시대 구분으로 한국사를 서술했다. 흔히 통용되고 있는 고대−중세−근대−현대의 시대 구분이나 왕조에 의한 시대 구분으로는 영토사를 설명하기는 어려웠다. 영토사는 국가 사이의 영토 변천, 즉 국가간 경계선 변화의 역사이다. 국가간 경계는 지형에 의해 결정된다. 양국 사이의 경계를 식별하기 쉬운 강이나 산 능선, 계곡 등이 자연스럽게 국가 사이 경계를 형성시킨다. 그 중에서도 강은 가장 식별하기 쉬운 국가 간의 경계선으로 여러 국가들은 그 강을 확보하기 위해 집중적으로 전쟁을 벌였다. 이들 강을 중심으로 보면, 한국사는 요하 시대−한강 시대−대동강 시대−압록강 · 두만강 시대로 전개되었다고 할 수 있다.

지도 없는 영토사란 관념적 상상일 뿐이다. 영토사는 지도로 이해해야 하는 분야인 것이다. 그런데 영토사를 지도로 표현한다는 것은 쉽지 않았다. 특히 지형으로 영토 권역과 영토 분쟁을 설명하려는 입장에서 많은 정보가 수록된 현대 지도는 딱히 적합하지가 않았다. 반면 김정호의 『대동여지도』를 비롯한 고지도들은 강과 산의 형상을 압축적으로 표현한 후에 그 시대에 필요한 정보를 선별하여 표기하고 있었다. 이에 고지도 기법을 활용하여 산과 강을 중심으로 한 지형 형세가 드러나도록 표현한 후, 컴퓨터 그래픽 작업을 가했다. 책의 내용 가운데 지도 표기 방식을 이해하기 위하여 몇 가지 유의할 사항들이 있다.

첫째, 전통 시대의 국경 개념과 근현대의 국경 개념이 다르다는 것이다. 전통 시대에 국경은 오늘날과 같은 국경선이 아니라 점이漸移 지대, 중간 지대라 할 수 있는 국경 지대를 지칭하고 있었다. 면 개념의 국경 지대를 선 개념으로 표현한다는 것은 오해를 낳을 소지가 있지만, 영토 변천의 전체적 흐름을 파악하기 용이하도록 선으로 표시했다.

둘째, 지명 비정이 확실하지 않은 경우가 많아 영토 권역에 대한 학설이 분분하다는 것이다. 학설이 다를 경우 통설을 따랐지만, 이

견이 분분하여 논쟁의 소지가 있을 경우는 각 학설에 의한 영토 권역을 모두 지도로 표시했다.

이 책은 2006년에 펴낸 『영토한국사』의 자매편이라 할 수 있다. 『영토한국사』가 발간된 이후 많은 분들이 분에 넘치는 관심을 보여주셨다. 특히 중고등학교에서 역사를 가르치시는 선생님들이 학생들도 쉽게 사서 읽을 수 있도록, 작은 책에 좀 더 싼 가격으로 책을 만들었으면 좋겠다는 의견을 주셨다. 소나무출판사 유재현사장에게 이런 말씀을 드렸더니, 아주 좋은 생각이라며 흔쾌히 허락하여 이 책이 탄생하게 된 것이다. 처음에는 내용도 상당 부분 손보려 하였으나, 저자들의 바쁜 일정으로 인하여 차례를 바꾸고 내용을 일부 손보는 것에 그치고 말았다. 독자들의 이해를 당부하며, 이 책이 한국 영토사의 저변을 넓히는 소중한 계기가 되기를 바란다.

2007년 4월
필자 일동

제1부
현대 영토 분쟁의 연원과 실상

1. 한반도 분할 분쟁

　현재 영토 분쟁에서 가장 논란이 될 수 있는 것은 휴전선의 존재이다. 6·25 전쟁의 산물인 휴전선이 영토 분쟁의 대상인지에 대해 반문할 수 있다. 그러나 휴전선이 한반도 분할선의 하나라는 사실을 환기하면, 우리 역사에서 대두되었던 한반도 분할선을 휴전선과 연계시켜 접근할 수 있다.

　기원전 2세기 고조선을 멸망시킨 한은 대동강 일대에 군현을 설치했다. 이후 대동강 선은 중국과의 관계에서 중요한 대치선으로 등장했다. 7세기 신라와 당이 연합군을 결성하면서 양국의 영토 분할선으로 합의한 선은 대동강 선이었다. 10세기 거란이 침공하자 고려 정부 일각에서는 자비령 이북을 떼어주고 전쟁을 피하자는 의견이 있었다. 이때 거론된 자비령 분할선은 원 침략기에 원 영토가 된 동녕부의 남방 경계가 되었다.

　16세기 후반 조선을 침략한 일본은 명에 조선 영토를 대동강 선으로 분할할 것을 제안했다. 분할 제안이 거절되자 일본은 다시 조선 4개도 할양을 요구하면서 재침했다. 조선 4개도를 할양할 경우 그 지역은 대략 한강 이남이었다. 결국 전통 시대의 한반도 분할선은 39도 선과 38도 선 사이에서 움직이고 있었던 것이다.

　근대에 이르러 제국주의 열강은 한반도 분할을 둘러싸고 각축을 벌였다. 청·일 전쟁 발발 직전, 영국은 중재국 입장이라는 명목으로 한반도 분할 점령을 양국에 제의했다. 또한 일본은 러시아와 한반도 39도 선 분할을 두고 벌인 협상이 결렬되자 러·일 전쟁을 일으켰다. 해방 후 미국과

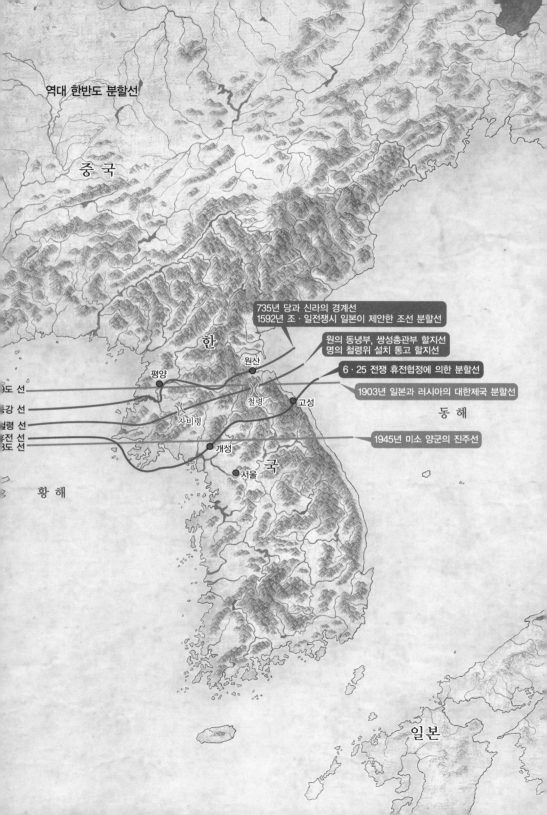

역대 한반도 분할선

중국

한

국

735년 당과 신라의 경계선
1592년 조·일전쟁시 일본이 제안한 조선 분할선

원의 동녕부, 쌍성총관부 할지선
명의 철령위 설치 통고 할지선

6·25 전쟁 휴전협정에 의한 분할선

1903년 일본과 러시아의 대한제국 분할선

1945년 미소 양군의 진주선

평양
원산
철령
고성
자비령
개성
서울

도 선
강 선
령 선
전 선
도 선

황 해

동 해

일본

소련은 38도 선을 경계로 진주했고, 이 38도 선이 6 · 25 전쟁 후 휴전선이 되었다. 근대에도 한반도 분할선은 39도 선과 38도 선 사이였던 것이다.

이처럼 전통 시대와 근현대를 통틀어 주변 국가들의 한반도 분할 시도가 반복되고 있는 것은 한반도의 지정학적 중요성에 기인한다. 북방의 대륙 세력과 남방의 해양 세력이 한반도에서 충돌할 때면, 한반도는 그들의 전쟁터가 되거나 전쟁을 피하기 위한 조건으로 분할 협상의 대상이 되곤 했다. 따라서 현재의 분단을 극복하는 방안은 한반도 안에서의 노력만으로는 실현 가능하지 않다. 주변 국가들의 이해관계가 얽힌 갈등을 어떻게 해소해낼 수 있는지 여부에 달려 있는 것이다.

■ 일본의 1차 한반도 침략과 대동강 할지선

대마도 정벌과 영토 편입

왜구는 13세기부터 발호하기 시작하여 조 · 일 전쟁(임진 왜란) 이전까지 300여 년 동안 한반도 연안에서 끊임없이 분쟁을 일으키고 있었다. 왜구가 발호하던 시기의 일본은 중앙 정부의 통제가 약화되어 지방 호족들이 할거하고 있었고, 이로 인해 일본의 중앙 정부조차도 왜구의 발호를 막을 수 없었다.

왜구의 주요 약탈 대상은 미곡으로, 조곡을 운반하는 조운선과 양곡을 저장한 창고에 집중되었다. 이들의 근거지는 토지가 적고 비옥

하지 못한 대마도, 송포松浦, 일기壹岐의 세 섬으로, 그 중에서도 대마도가 가장 큰 중심지였다. 고려 말에 왜구의 침략은 절정에 달해 예성강 어구까지 출몰하여 수도인 개경을 위협했고 고려에서는 천도까지 거론되었다.

이성계는 왜구 진압의 공으로 부상한 인물인 만큼 왜구 문제에 대해서는 당대 제일의 전문가였다. 위화도 회군으로 실권을 잡은 이성계는 1389년 왜구의 근거지인 대마도 정벌을 결정하고, 박위로 하여금 대마도를 정벌케 하자 왜구의 기세는 한풀 꺾이게 되었다. 이후 조선 왕조를 건국한 이성계는 왜구에 대해 회유책을 실시하여 왜구의 발호는 점차 줄었지만, 왜구는 여전히 대마도를 중심으로 조선의 해안을 노략질했다.

1419년 왜구가 선박 50여 척을 이끌고 충청도 비인현에 침입하여 병선을 불태우고 노략질하면서 황해도 앞바다의 연평도를 재차 침입한 일이 있었다. 당시 상왕으로 있던 태종은 대대적인 대마도 정벌을 결정했다. 이종무는 병선 227척 병력 1만 7천 명을 이끌고 대마도를 공격하여 대마도에 결정적인 타격을 주었다. 조선은 대마도주에게 완전히 항복하든지 아니면 일본 본주로 돌아가든지 양자택일을 할 것을 촉구했다. 그러자 대마도주는 대마도를 조선의 속주屬州로서 경상도의 관할 아래 두며 경상 관찰사를 통해 서계를 올리겠다고 약속했다. 이는 대마도가 조선 영토로 귀속된다는 것을 의미했다.*

대마도의 경상도 속주 조치는 조선과 일본의 외교 문제로 비화했다. 일본 실정 막부는 조선의 대마도 정벌과 경상도 속주 조치가 일본 본토에 대한 침략이라는 의구심을 가졌다. 하지만 조선은 대마도 정벌이 왜구 소탕을 위한 것이었을 뿐 일본 본토를 침략할 의도가 없

[지도 1-1] 조선 고지도에서 본 대마도

〈동국지도東國地圖〉, 19세기 초기, 윤형두 소장.
19세기에 이르기까지 조선 시대 사람들이 대마도를 조선 영토로 인식하고 있었음을 보여주는 고지
도이다.

음을 밝히고, 문제가 되었던 대마도의 경상도 속주 조치를 고집하지 않음으로써 양국의 긴장은 풀렸다.

이후 조선은 부산포, 내이포, 염포의 삼포를 개항하여 제한된 범위 안에서 무역을 허락했다. 그러나 왜구는 제한된 무역만으로는 자신들의 경제적 욕구를 충족할 수 없었으며, 삼포 개항 후에도 왜구의 발호는 그치지 않았다. 특히 삼포 왜란(1510), 사량진 왜변(1544), 을묘 왜변(15225) 등 대규모 왜란이 일어나자 조선은 무력 정벌을 단행하기도 하고 회유책을 쓰기도 했다.

조선의 왜구에 대한 기본 입장은 회유책에 있었다. 남방의 평화를 확보하기 위해 왜구를 평화적인 통교자로 만들려고 했고, 왜구의 침입은 조선의 남방 방어선을 붕괴시킬 만큼 위협적이지는 않았다. 오히려 왜구의 침입을 겪으면서 조선은 남해안의 방어 체계를 재정비할 수 있었다. 남해안 전역을 수군 관할 구역으로 묶어 바다와 선박에 익숙한 주민들을 현지의 수군으로 편성했고, 화기와 총통 개발에 힘을 쏟는 등 남해안의 방어 체제를 재정비할 수 있었다. 이는 후일 조·일 전쟁이 발발했을 때 이순신이 지휘하는 조선 수군이 연전연승할 수 있었던 요인으로 작용했다.

✻ **한국인의 대마도 인식** | 대마도는 부산에서 49.5킬로미터, 후쿠오카에서 147킬로미터에 위치해 한반도에 가까운 섬이다. 산지가 90퍼센트인 대마도의 지형상 거주인들은 한반도 생활권에 편입되어 있었다. 조선 시대 고지도에는 한결같이 대마도가 조선 영토로 그려져 있다. 백두산을 머리, 한양을 심장, 제주도를 오른발, 대마도를 왼발로 파악한 국토 지리관이 작용했던 것이다. 1949년 1월 8일 이승만 대통령은 일본에 대마도 반환을 요구했다. 맥아더 사령부의 냉랭한 반응으로 관철되지는 않았지만, 이때의 대마도 반환 요구도 한국인의 전통적인 대마도 인식이 반영된 결과였다.

조·일 전쟁의 발발과 조선 수군의 활약

전국 시대로 분열되어 있던 일본은 16세기 후반 풍신수길에 의해 통일이 이루어졌다. 통일 후 풍신수길은 명을 정복하여 수도를 북경으로 옮기고 더 나아가 인도까지 영유한다는 대륙 침략 계획을 세웠다. 그가 대륙 침략을 계획했던 이면에는 대명大名들이 보유한 무력을 해외로 방출시켜야만 정권을 안정시킬 수 있었던 일본 안의 정세도 작용했다.

일본은 대륙 침략을 위해서는 조선을 먼저 정벌해야 했다. 양국의 분쟁은 일본이 조선에게 명에 쳐들어갈 터이니 길 안내를 해달라고 요구하면서 시작되었다. 이제 일본과 조선의 관계는 이전의 왜구와 조선의 관계와는 달랐다. 왜구와 조선의 관계가 집단 대 국가의 관계였다면, 전국 시대의 분열을 통일한 후의 일본과 조선의 관계는 국가 대 국가의 관계였다. 이는 양국의 분쟁이 이전처럼 국지적 침략과 이에 대응한 정벌과 회유를 넘어 국가 사이의 전쟁으로 발화될 것을 예고하고 있었다.

조선이 일본의 요구를 거절하자 일본군은 1592년 4월 14일 부산에 상륙했고, 부산을 함락시킨 후 중로, 좌로, 우로로 나누어 서울로 진격했다. 조선 관군은 천혜의 요새인 죽령, 조령, 추풍령에서 일본군을 막지 못했고, 충주 전투에서 패하자 선조는 서울을 떠나 피난길에 올라야 했다.

일본군은 부산에 상륙한 지 20일도 채 지나지 않은 5월 2일에 서울을 함락했다. 서울을 함락한 후 일본군은 다시 세 길로 나누어 평안도, 함경도, 황해도로 진격했다. 6월에는 평양이 함락되었고, 함경도로 진격한 일본군은 임해군과 순화군 두 왕자를 생포했다. 전쟁 초

기인 4월에서 6월까지 일본군의 승전이 계속 이어지고 있었다.

그러나 6월 이후 8도 전역에서 의병이 일어나고 남해안에서 조선 수군이 활약하면서 전세는 뒤바뀌기 시작했다. 한반도 전역에서 봉기한 의병은 유격전으로 일본군의 진격을 저지하고 보급로를 끊고 있었다. 경상도에서는 곽재우, 전라도에서는 고경명과 김천일, 충청도에서는 조헌, 경기도에서는 홍계남과 우성전, 황해도에서는 이정암, 함경도에서는 정문부, 평안도에서는 휴정이 궐기했다. 관군이 무력해진 상태에서 의병의 활약은 일본군의 진격을 저지하는 데 큰 역할을 했다.

남해안에서는 이순신이 옥포에서 첫 승리를 거둔 후 당포, 당항포, 한산도, 부산에서 승리하고 있었다. 특히 1592년 7월 한산 대첩은 사실상 일본 수군 전체를 궤멸시켰고, 조선 수군은 해상권을 장악할 수 있었다.* 이 해전이 조·일 전쟁에 미친 영향에 대해 유성룡은 『징비록』에서 다음과 같이 평했다.

> 왜적은 본시 수륙이 합세하여 서쪽으로 쳐들어오려고 하였는데, 이 한 번의 해전에 의해 그 한 팔이 끊어져 버린 것과 다름없이 되고 말았다. 따라서 소서행장이 비록 평양을 빼앗았다고는 하나 그 형세가 외롭게 되어 감히 더 이상 전진하지 못하였다. 이로 인하여 국가에서는 전라, 충청도를 보전하였고 나아가서 황해도와 평안도의 연해 지역 일대까지 보전할 수 있었다. 그리고 군량을 조달하고 호령을 전달할 수 있었기 때문에 국가 중흥이 이룩될 수 있었다.

✽ 한산 대첩과 세계 4대 해전 | 한산 대첩은 행주 대첩과 진주 대첩과 더불어 조·일 전쟁의 3대첩으로 꼽힌다. 뿐만 아니라 한산 대첩은 세계 4대 해전의 하나로 꼽히고 있다. 기원전 48년 그리스 살라미스 해전, 1588년 영국 칼레 해전, 1805년 영국 트라팔가 해전과 더불어 세계 4대 해전으로 평가받고 있다.

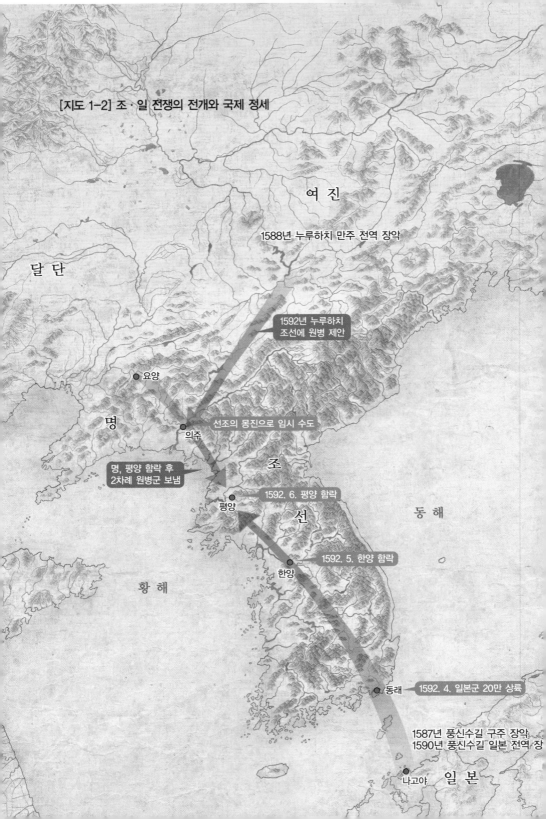

[지도 1-2] 조·일 전쟁의 전개와 국제 정세

여 진

1588년 누루하치 만주 전역 장악

달 단

1592년 누루하치
조선에 원병 제안

요양

명

선조의 몽진으로 임시 수도

의주

조

명, 평양 함락 후
2차례 원병군 보냄

1592. 6. 평양 함락

평양

선

동 해

1592. 5. 한양 함락

한양

황 해

1592. 4. 일본군 20만 상륙

동래

1587년 풍신수길 구주 장악
1590년 풍신수길 일본 전역 장악

나고야

일 본

조선 수군의 해상권 장악으로 일본군은 제대로 된 작전을 펼칠 수 없었다. 특히 남해안과 서해안으로 바다를 통해 보급로를 확보하려던 작전이 불가능해지면서 조선에 주둔한 일본군 전체가 반신불수가 되고 말았다. 반면 조선은 곡창 지대인 전라도 지역을 보호함으로써 전쟁을 이끌어갈 수 있는 물적 자원을 확보할 수 있었다.

명의 참전과 한반도 분할 논의

일본은 개전 초기부터 조선에 강화를 요청하고 있었다. 조선은 명에 원군을 청하고 명군이 도착할 때까지 시간을 끌기 위해 이덕형을 파견하여 강화에 임했다. 조선은 일본군의 철수를 요구했고, 일본은 명으로 가는 길을 허용할 것을 요구하여 회담은 결렬되었다.

조선의 원군 파견 요청에 머뭇거리던 명은 1592년 6월 15일 평양이 일본군에 함락되자 신속히 원군을 파견했다. 조승훈이 이끄는 5천 명의 원군은 한 달 뒤 조선에 도착했다. 명이 원군을 파견한 목적은 조선에서 일본을 저지하지 못할 경우 전쟁이 곧바로 명으로 이어질 것을 우려했기 때문이다. 일본군이 육상으로 북상할 경우 평양-압록강-요동-북경으로 진출할 것이었고, 이를 저지하기 위해서 명은 평양에 방어선을 쳐야 했다. 명으로서는 평양이 요동 방어선의 전초 기지였던 것이다.

그러나 조승훈의 부대는 요동에 주둔하던 국경 수비대에 지나지 않았고, 평양 탈환에 실패하자 요동으로 퇴각해 버렸다. 명의 1차 원정군은 평양에서 패했지만, 명이 교전 당사국으로 등장하면서 전쟁은 명, 일본, 조선 3국이 참여하는 동아시아 국제 전쟁이 되었다.

명은 2차 원정군을 파견하기에 필요한 시간을 벌기 위해 심유경을 파견하여 일본군과 협상을 벌이게 했다. 심유경은 1592년 9월 초 평양에서 소서행장과 강화 회담을 벌였다. 일본군은 군량의 현지 조달이 어려워졌고, 본국으로부터의 보급도 조선 수군에 의해 차단된 상태였기 때문에 협상에 적극적이었다.

소서행장은 강화 조건으로 대동강 이남의 할양을 요구했다. 소서행장은 "평양 이북을 명에 주지 조선에 주지 않는다"고 했다. 결국 대동강을 경계로 명과 일본이 조선 영토를 분할하자는 것이었다. 이를 크게 반박하지 않았던 심유경의 태도가 전해지면서 조선 정부는 격분했고 명 정부에 거세게 항의했다. 조선의 항의를 접한 명은 문서로 이 사실을 부정해야 했다. 조선은 명으로부터 영토에 대한 지배 의사가 없음을 문서로 받았지만, 심유경과 소서행장 사이에 논의된 분할설에 계속 의구심을 품고 있었다.

명은 감숙성 영하에서 반란을 평정하고 복귀한 이여송 군대를 2차 원군으로 보냈다. 1592년 12월 이여송이 거느린 4만 3천 명의 정예군이 압록강을 건넜다. 이여송은 전투를 개시하기 전부터 조선 영토의 분할에 대한 명의 입장을 밝혀야 했다. 평양은 원래 조선의 영토이니 명이 빼앗지는 않는다는 입장을 재천명했다. 이후 명은 조선 영토의 할양을 조건으로 하는 강화 교섭만은 배제했다.

이여송 군대는 1593년 1월 평양 탈환에 성공했고, 그간 육지에서 수세에 몰리던 전세는 역전되었다. 그러나 이여송은 서울 탈환을 위해 남진하다가 벽제관에서 패한 후 평양으로 돌아가 움직이지 않았다. 명의 참전 목적은 일본군의 명에 대한 침략 위협을 미리 제거하려는 데 있었기 때문에 명으로서는 평양 이남으로 일본군을 몰아낸 것만으로도 출병 목적을 달성한 것이었다. 평양 탈환 이후 전쟁은 거의

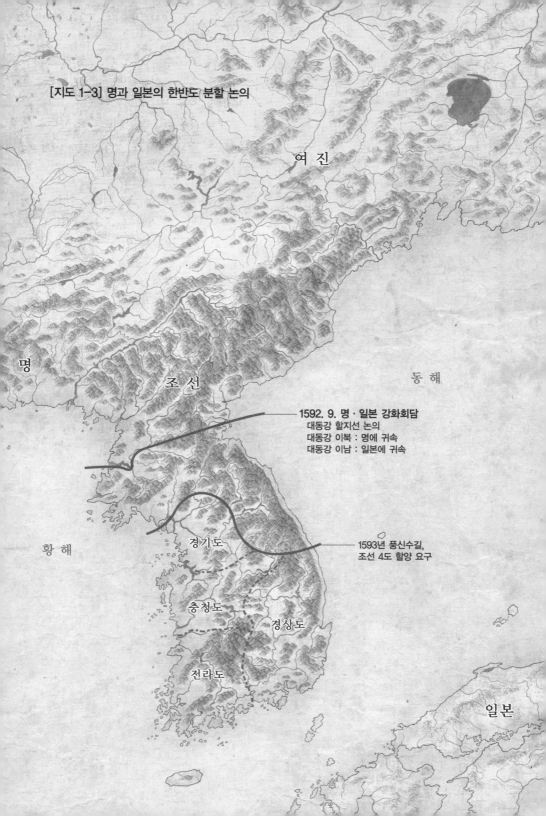

[지도 1-3] 명과 일본의 한반도 분할 논의

여 진

명

조 선

동 해

1592. 9. 명·일본 강화회담
대동강 할지선 논의
대동강 이북 : 명에 귀속
대동강 이남 : 일본에 귀속

황 해

경기도

1593년 풍신수길,
조선 4도 할양 요구

충청도

경상도

전라도

일 본

휴전 상태가 되었고 명과 일본은 강화 회담을 서두르고 있었다.

1593년 4월 강화 협상을 통해 일본군은 서울에서 퇴각하여 울산에서 거제에 이르는 지역에 주둔했다. 일본군이 서울에서 철수하자 명은 더 이상의 전투를 하려 하지 않았고 조선군의 추격전까지 저지했다. 명은 이미 평양 탈환만으로도 만족했으며, 일본군이 한강 이남으로 물러간 것으로 충분했다. 따라서 한강을 지키면서 강화 협상을 진전시키고자 했다.

명은 풍신수길을 일본 국왕으로 책봉하는 선상에서 강화 협상을 마무리하려고 했다. 반면 일본이 제시한 전문 7개조의 강화 조건은 달랐다.

① 명 황녀의 일본 후비 책봉
② 감합勘合* 무역의 재개
③ 명과 일본 대신의 서사誓詞 교환
④ 조선의 4개도 할양
⑤ 조선 왕자 등 인질
⑥ 두 조선 왕자의 소환
⑦ 조선 대신의 서사誓詞

이 조건들은 ⑥항을 제외하면 수용할 수 없는 것들이었고, 특히 ④항의 조선 4개도 할양은 일본이 가장 중요시한 조건인 반면 조선으로서는 절대 수용할 수 없는 조건이었다.

강화 협상이 진행 중이던 1593년 5월, 풍신수길은 자신의 요구를

✳ 감합 무역 | 명과 일본 사이의 조공 무역을 일컫는다. 명과의 무역에는 명에서 교부된 감합부勘合符라는 증명서를 반드시 지참해야 했으므로 감합 무역으로 불렸다. 감합 무역에서 체재비, 운반비 등을 모조리 명에서 부담했기 때문에 일본의 이익이 컸다. 풍신수길을 바로 이 감합 무역을 재개하여 경제적 이익을 도모하려 했던 것이다.

관철시키기 위해 7만 명의 군사를 동원해 진주성을 공격했다. 조선 수군이 해상권을 장악한 상태에서 전라도 지역을 점령할 수 없었던 일본군은 육로를 통한 진격로를 확보하기 위해 진주성을 공격했던 것이다. 조·일 전쟁에서 가장 치열한 전투였던 진주성 전투에서 조선은 6만여 군민이 도륙당하는 참패를 겪어야 했다. 그러나 조·명 연합군의 반격으로 일본의 전라도 지역 점령은 실패로 돌아갔다.

강화 회담의 결렬과 일본의 재침

일본과 명 사이에는 강화 협상이 계속 진행되고 있었다. 강화 협상은 휴전을 서두르는 양측의 현지 지휘부에 의해 서로 본국 정부의 요구를 얼버무리고 있는 상태로 진행되고 있었다. 명 본국은 풍신수길의 책봉과 입공만을 허락한다는 입장을 견지하고 있었고, 일본 본국은 조선 영토의 할양을 관철시킨다는 입장을 견지하고 있었다.

4년을 넘게 끌던 강화 회담을 매듭짓기 위해 1596년 9월 명의 사신이 일본에 도착했다. 풍신수길은 명의 강화 조건을 거부했다. 강화 협상으로는 할지 요구를 관철시킬 수 없다고 판단한 풍신수길은 전면적인 무력 침공을 다시 준비했다. 일본군은 경상도 연안 일대에 주둔하고 있었고, 이를 거점으로 전라도 지역을 점령한 후 서울로 북진하겠다는 계획을 세웠다. 1차 침공 때 전라도 지역을 확보하지 못한 것이 패전의 요인인데다가, 한반도 전역의 점령이 불가능한 상태에서 남방 지역만이라도 점령하고자 했던 것이다.

1597년 1월부터 남해안 일대에 교두보를 구축하기 시작했고, 3월 중순부터 14만 1,500명의 군대가 계속 바다를 건너와 6월 중순에는 상륙 작전이 완료되었다. 이른바 정유 재란으로 불리는 2차 조·일 전쟁이 시작된 것이다. 조선은 명과 일본의 강화 협상이 결렬될 것을 예측하여 남방 일대의 방어를 강화해 놓고 있었고 명군도 신속히 파견되었다. 7월부터 본격적인 전투가 시작되었다. 그러나 원균이 이끈 조선 수군은 부산 앞바다에서 대패하여 12척을 제외한 전함 모두가 격침됨으로써 남해안 방어선은 와해되었다.

육로로 진격하던 일본군은 8월에 남원과 전주를 함락시켰다. 그러나 서울로 북진하려던 일본군은 9월 5일 직산 근처 소사평 전투에서 대패하여 다시 남해안으로 퇴각했다. 9월 15일에는 이순신이 명량 해협에서 12척으로 130여 척의 일본 전함을 격파하여 해상권을 다시 장악했고, 일본 수군의 전라도 진출도 봉쇄되었다. 전면전을 개시한 지 불과 2개월 만에 일본군은 모든 전선에서 퇴각해야 했고, 울산, 기장에서부터 남해, 순천에 이르는 요충지에 성을 쌓고 방어 태세에 들어갔다.

이후 전선은 남해안 일대로 한정되었다. 울산이 접전 지역이 되어 1598년 1월 초 울산성 전투에서 조ㆍ명 연합군이 승리했다. 이후 전쟁은 교착 상태로 흐르다가 9월에 이르러 조ㆍ명 연합군은 남해안 일대의 일본군을 몰아내기 위한 총공격을 개시했다. 총공격을 받은 일본군이 1598년 11월 총퇴각함으로써 7여 년간 이어진 조ㆍ일 전쟁은 막을 내렸다.

2차에 걸친 일본의 조선 침략은 조선과 일본만의 전쟁이 아닌 동아시아 전쟁이었다. 명은 자국의 요동 방어선을 고수하기 위해 참전해야 했고, 이로 인해 전쟁은 조선, 일본, 명의 3국으로 확전되었다. 이 전쟁이 동아시아에 미친 파장은 매우 컸다. 조선과 명이 전쟁에 힘을 쏟고 있는 동안 만주에서 여진이 흥기하여 청을 세웠고, 결국

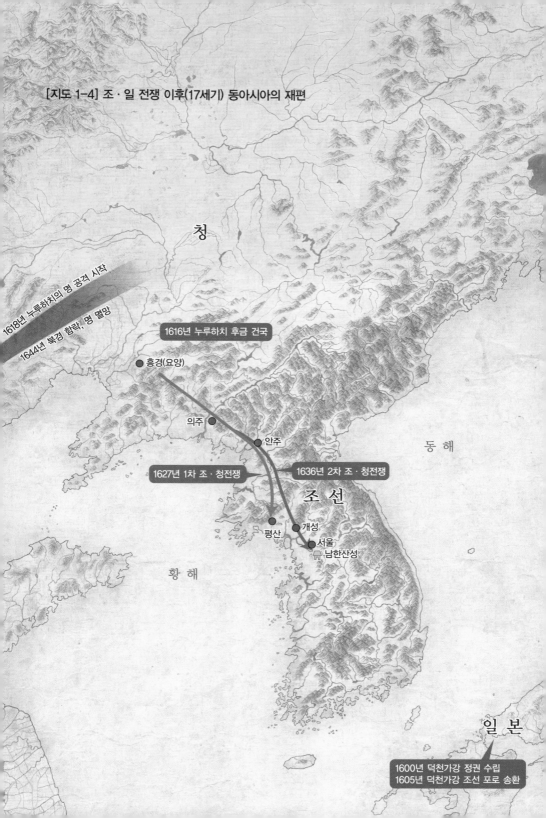

[지도 1-4] 조·일 전쟁 이후(17세기) 동아시아의 재편

청

1618년 누루하치의 명 공격 시작

1644년 북경 함락, 명 멸망

1616년 누루하치 후금 건국

흥경(요양)

의주

안주

동 해

1627년 1차 조·청전쟁

1636년 2차 조·청전쟁

조 선

평산

개성

서울

남한산성

황 해

일 본

1600년 덕천가강 정권 수립
1605년 덕천가강 조선 포로 송환

명을 멸망시켰다. 일본에서도 조선 침략에 전혀 관여한 사실이 없다고 자처하는 덕천가강이 권력 투쟁에서 승리하여 새로운 정권이 탄생했다.

② 일본의 2차 한반도 침략과 39도 분할선

정한론과 강화도 조약

조·일 전쟁 후 조선과 일본은 300여 년 동안 평화를 구가하고 있었다. 일본은 쇄국 중이었으나 조선에 대해서만은 외교 관계를 맺고 있었다. 조선도 일본에 통신사를 파견했다. 통신사는 일본에서 국가적 행사가 있을 경우 부정기적으로 파견되었고 평소에는 부산의 왜관과 대마도주를 통해 대일 교섭이 이루어지고 있었다.

19세기 중엽 근대 서구 열강이 동아시아로 진출하면서 국제 질서에 변화가 생겼다. 동아시아 국제 질서의 축을 이루었던 청이 영국의 무력에 의해 개항했고, 일본도 미국의 무력에 의해 개항했다. 강압적으로 이루어진 일본의 개항은 일본 안에 많은 문제를 일으켰다. 이는 막부 체제를 청산하고 1868년 메이지 유신을 통해 천황 중심의 체제가 탄생하는 계기가 되었다.

메이지 유신으로 중앙 집권적인 국가 체제를 갖춘 일본에서는 다시 한반도 침략이 논의되었다. 근대 일본의 한반도 침략 논의는 1869

년 일본 정부가 발송한 문서를 둘러싼 양국의 입장 차이로 궤도에 올랐다. 일본을 황제국으로 표현한 문서를 조선이 거부하자, 일본에서는 정한론征韓論이 본격적으로 대두했다. 정한론은 일본 안에서 권력 교체를 초래할 만큼 파장이 매우 컸다.

정한론자들은 16세기 풍신수길이 감행했던 조선 정벌과 같은 맥락에 놓여 있었다. 즉, '내란을 바라는 마음을 밖으로 돌려 나라를 흥하게 할 원대한 전략'의 필요성으로 조선 정벌을 주장하고 있었다. 이에 반해 비정한론자들은 성급한 조선 정벌에 반대했다. 내치에 주력할 때에 대외 정벌에 국력을 소모하는 것은 시기상조이며, 시기가 무르익었을 때 조선을 정벌해야 한다는 입장이었다. 1873년 정한론의 시기 여부를 둘러싼 두 세력의 갈등은 정변으로 발전했고 정한론자들은 실각했다.

정한론을 둘러싼 일본의 권력 교체가 있은 지 한 달 후, 조선에서도 집권 세력의 교체가 있었다. 쇄국 정책을 고수하던 대원군이 실각하고 고종의 친정이 시작되면서 개화파가 집권했다. 1874년 양국은 국교 재개 문제를 논의했지만 여전히 양국의 입장은 조율이 되지 않았다. 이듬해 일본 군함 운요호가 강화도 해안에 정박하고 영종도에 병사를 상륙시켜 다수의 민간인을 살상하고 민가를 노략질했다.* 일본은 미국의 강압에 의해 문호를 개방했던 역사적 경험을 조선에게도 똑같이 적용한 것이다.

이후 양국의 교섭은 급속히 진전되었다. 일본은 조약 초안서를 제

＊ 근대 제국주의 침략의 통로, 강화도 | 강화도는 조선의 수도 한양으로 통하는 요충지이다. 이로 인해 근대 제국주의 열강의 통상 요구를 앞세운 무력 시위는 강화도 침략으로부터 시작되었다. 1866년 프랑스가 일으킨 병인 양요, 1871년 미국이 일으킨 신미 양요, 1875년 일본의 운요호 사건 모두가 강화도 침략에서 시작되었던 것이다.

[지도 1-5] 고지도로 본 강화도의 위치

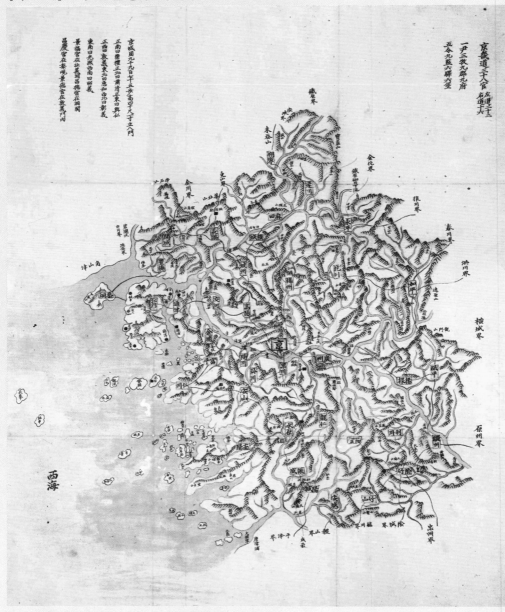

〈경기도〉(『여지도輿地圖』), 18세기 말기, 서울대학교 규장각 소장.
강화도가 한강을 통해 수도 한양을 직접 잇는 관문임을 잘 나타내고 있다.

출하면서 만약 조약 체결이 지연될 경우 무력을 사용할 수 있음을 통고했다. 조선은 일본의 무력 우세를 인정하지 않을 수 없었고, 1876년 강화도 조약 또는 병자 수호 조약이라 불리는 조·일 조약이 체결되었다. 강화도 조약의 체결로 조선은 새로운 국제 질서에 편입되는 문을 열었지만, 동시에 일본의 2차 한반도 침략의 통로가 열린 것이기도 했다.

청·일 전쟁과 러시아 세력의 확장

일본은 강화도 조약 후 조선에 세력을 확장시키고 있었으나 주변 열강의 이해 관계에 따라 일진일퇴를 거듭하고 있었다. 16세기의 조선 침략 때 일본을 견제한 것은 중국뿐이었으나, 19세기의 조선 침략 때는 중국만이 아닌 동아시아로 진출하려는 서구 열강들의 세력 구도에 견제당하고 있었다. 그래도 일본의 조선 진출을 가장 견제한 나라는 중국, 즉 청이었고, 1882년 발생한 임오 군란으로 조선 안의 청 세력은 강화되었다. 이후 청·일 전쟁이 발발하기까지 10여 년 동안 청은 조선에 가장 큰 영향력을 행사하고 있었다.

1894년 2월, 전라도 고부에서 동학 농민군이 궐기함으로써 동학 농민 전쟁이 일어났다. 조선 정부는 파죽지세로 진격하는 동학 농민군을 막을 수 없자 청에 원병을 요청했다. 1894년 6월 청군이 아산만에 진주하자 일본군도 임오 군란 당시 청과 맺은 조약을 빌미삼아 조선에 진주했다. 그간 청에 밀렸던 일본은 청과 전쟁을 벌여 한반도에서의 지배권을 확보하고자 했다.

청과 일본의 전쟁이 목전에 이르자, 영국은 전쟁을 방지하기 위해 양국에 한반도의 분할을 제안했다. 청과 일본이 한반도를 공동 점령하여 무력 충돌을 피하라는 것이었다. 영국이 제안한 공동 점령안은, 일본군은 서울과 인천에서 남쪽으로 철수하고 청군은 아산에서 북쪽으로 철수한 후 양국 사이에 중립 지대를 두고 각각 남북쪽을 점령하라는 내용이었다. 청은 공동 점령안을 승낙했지만 일본은 거부했다. 일본은 남쪽만이 아닌 한반도 전체를 점령하고자 했다.

일본의 청에 대한 전쟁 도발은 1894년 7월 23일 경복궁을 침공하는 것으로 시작되었다. 경복궁을 무력 점령한 일본군은 조선의 중앙군을 무장 해제시켰다. 그리고 조선 정부에 근대적 개혁을 강요했다. 이른바 갑오 경장이라고 불리는 개혁으로, 조선 왕조의 봉건적 체제를 근대적 체제로 바꾸는 이 개혁은 경복궁이 무력 점령당한 상태에서 일본의 강요로 시작되었다.

일본은 청군이 진주하고 있는 아산만으로 군대를 파견했다. 7월 25일 일본 해군은 아산만의 풍도 앞바다에서 청의 함대를 격파했으며, 일본 육군은 7월 29일 아산만 인근의 성환 전투에서 청 육군을 격파했다. 그리고 9월 15일 17일에 벌어진 평양 전투에서도 청군을 대파했다. 10월 하순 이후 전쟁터는 압록강을 넘어 요동 반도, 산동 반도 일대로 확산되었고 청군은 연패하고 있었다.

청 · 일 전쟁이 한반도에서 벌어지고 있던 1894년 10월 중순, 동학 농민군이 다시 궐기하여 일본군에 대항했다. 동학 농민군의 활동은 요동 반도와 산동 반도에서 전쟁을 벌이고 있던 일본군의 후방을 교란하는 역할을 했다. 그러나 동학 농민군은 그 해 12월 공주 우금치 전투에서 일본군에 패배했다.

연패하고 있던 청은 일본과의 강화 회담을 서둘렀다. 1895년 4월 청과 일본은 시모노세키에서 조약을 맺어 전쟁을 종결했다. 청은 조

[지도 1-6] 영국이 제안한 청·일의 한반도 공동 점령안

청

청 점령권

조 선

동 해

양국의
중립지대

영국, 청군은
북한으로 철수할 것 제안

한양

인천
아산만

일본군은 남한으로
철수할 것 제안

황 해

일본 점령권

일 본

선에 대한 우월권을 상실했을 뿐 아니라 요동 반도, 대만, 팽호 열도를 일본에 할양해야 했다. 일본이 요동 반도를 할양받자, 만주로의 팽창을 추구하던 러시아가 일본을 견제하고 나섰다. 시모노세키 조약이 체결된 지 6일 후 러시아는 프랑스, 독일과 함께 요동 반도를 청에 반환할 것을 요구했고, 군사력의 열세에 놓여 있던 일본은 되돌려 주어야 했다.

요동 반도를 청에 반환시킨 러시아의 위력이 조선에 작용하여 조선에서는 친러파가 득세했다. 일본은 청을 상대로 전쟁을 치르고도 조선에 대한 지배권을 확보하지 못하고 말았다. 조선에서 청의 영향력은 배격했으나 대신 러시아의 영향력이 강해졌던 것이다. 일본은 세력을 만회하기 위해 1895년 10월 친러 세력의 중심 인물인 명성황후를 시해했으나, 4개월 후인 1896년 2월 고종이 아관 파천을 단행함으로써 다시 친러파가 득세했다.

러시아는 요동 반도를 청에 되돌려 준 대가로 청으로부터 대련과 여순을 조차받아 동북 아시아 경영의 본거지로 삼을 수 있었다. 일본에서는 러시아에 대한 적개심이 나날이 높아졌으며 조선을 포함한 대륙을 침략하기 위해서는 러시아와 전쟁을 불사해야 한다는 여론이 대세를 이루었다. 일본은 러시아를 가상의 적국으로 설정하고 러시아와의 전쟁에 대비한 군비 확장에 착수했다.

러시아와 일본의 39도 선 분할 협상과 대한 제국 선포

러시아가 일본의 세력 확장을 견제한 것은 만주와 한반도로 진출하기 위해서였다. 16세기 이후부터 우랄산맥을 넘어 동진하여 시베리아를 확보한 러시아는 19세기에 이르러 청이 열강의 압박으로 약화된 틈을 타고 만주 지역으로 남진했다. 러시아는 1860년 블라디보스톡을 강점한 후 만주에서 세력이 비약적으로 확장되고 있었다.

1884년 조선과 통상 조약을 체결한 러시아는 부동항을 얻기 위해 동해안의 영흥만을 점령하려고 했다. 하지만 러시아의 남하를 견제하던 영국이 예민한 반응을 보였다. 영국은 러시아의 남진을 견제한다는 명분을 내세워 1885년 군함 6척 상선 2척으로 거문도를 불법 점령하고는 해밀턴항이라 명명했다. 조선 정부의 항의와 미국, 독일, 일본의 중재로 영국은 1887년 거문도에서 철수했지만, 거문도는 2년 남짓 영국에 의해 불법 점령당해 있었다.

영국의 견제로 한반도 진출이 저지되고 있던 러시아는 청·일 전쟁 후 삼국 간섭으로 조선에 영향력을 행사할 수 있게 되었다. 더욱이 아관 파천으로 고종이 러시아 공사관에서 1년 남짓 보호받고 있었다. 한반도가 러시아의 세력권으로 들어가는 것을 우려한 일본은 러시아와 전쟁을 준비하면서도 다른 한편으로는 협상을 통해 한반도에 대한 우월권을 인정받으려 했다. 러·일 전쟁이 발발하기까지 러시아와 일본은 만주와 한반도 분할 구도를 두고 협상을 계속했다.

1896년 5월부터 일본과 러시아는 협상을 시작했다. 일본은 러시아에 39도 선을 경계로 한반도를 분할할 것을 제안했다. 39도 선은 조·일 전쟁 당시 일본이 명에 제안한 대동강 선이다. 하지만 러시아는 일본의 제안을 표면적으로는 받아들이지 않았다. 러시아가 한반도를 직접 점령했을 경우 영국, 미국, 프랑스 등이 반발할 것을 우려했기 때문이었다. 그러나 러시아와 일본은 모스크바 의정서(로마노프-야마가타 의정서)에서 비밀 조항 제1조를 두었다.

한국의 안녕과 질서가 내외의 어떤 원인으로 인해 문란해지든가

[지도 1-7] 한반도를 둘러싼 일본과 러시아의 각축

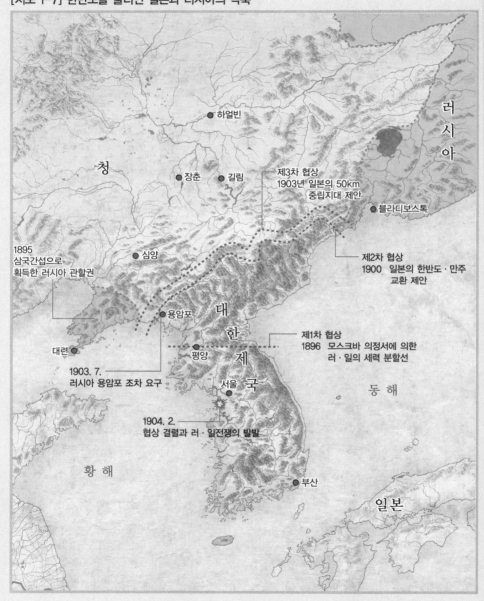

러시아

청

하얼빈

장춘   길림

제3차 협상
1903년 일본의 50km
중립지대 제안

블라디보스톡

1895
삼국간섭으로
획득한 러시아 관할권

심양

제2차 협상
1900 일본의 한반도·만주
교환 제안

용암포

대
한
제
국

대련

제1차 협상
1896 모스크바 의정서에 의한
러·일의 세력 분할선

평양

1903. 7.
러시아 용암포 조차 요구

서울

동 해

1904. 2.
협상 결렬과 러·일전쟁의 발발

황 해

부산

일본

또는 심각하게 위기를 맞게 될 경우, 러·일 양국 정부는 그들 국민의 안전과 전신선 보호에 소요되는 군대를 파견할 필요가 있다는 판단에 의견이 일치되는 경우, 양국 정부는 그들의 무장군 사이의 충돌을 예방하기 위해 양국 군대 사이에 중립 지대를 두는 방법으로써 각자의 활동 영역을 결정한다.

양국의 중립 지대는 39도 선으로, 39도 이북은 러시아의 영향권이고 그 이남은 일본의 영향권이라는 협상이 이루어졌던 것이다. 러·일의 상호 견제를 목적으로 하는 협상이 진행되고 있는 동안은 그래도 조선을 둘러싼 주변 세력이 균형을 이룰 수 있었다.

주변 세력의 균형으로 운신의 폭이 보다 넓어진 시기인 1897년 2월 고종은 러시아 공사관에서 경운궁(덕수궁)으로 환궁했고, 그 해 10월에 대한제국을 선포했다. 중국의 제후국을 표방한 조선 왕조와는 달리 대한 제국은 황제국이었다. 원구단에서 황제 즉위식을 가진 후 주변 국가에 황제국의 성립을 통보했다. 개항 이래 열강의 침탈에 시달리던 조선은 대한 제국으로 거듭남으로써 대외에 독립 국가의 자주권을 천명하고자 했던 것이다.

또한 대내적으로도 대한 제국은 이른바 광무 개혁이라 불리는 일련의 개혁을 단행했다. 1894년 갑오 경장이 일본의 강압 아래 진행된 개혁이었던 데 비해 광무개혁은 보다 자주적인 입장에서 진행되었다. 군제 개혁과 군대 확충에 노력하면서 토지 측량 사업, 산업 진흥책, 교육 진흥책에 힘을 기울였다.

러시아와 일본의 한반도와 만주 교환 협상과 러·일 전쟁

대한 제국의 대내적인 개혁과 대외적인 자주권 천명은 실효를 거두지 못하고 있었다. 우선 대내적인 개혁을 성공시킬 재원이 부족했고, 대외적으로는 열강의 세력 변화에 직접적인 영향을 받고 있었다. 그러던 중에 러시아가 1900년에 청의 의화단 사건을 빌미로 5만 명의 군사를 파병하여 만주를 점령하자, 그나마 유지되던 세력 균형은 깨지기 시작했다.

러시아의 만주 점령으로 초조해진 일본은 러시아와 협상을 재개했다. 일본은 1900년 7월 한만韓滿 교환을 제의했다. 이는 한반도와 만주를 교환하자는 것으로, 러시아의 만주에서의 우월권과 일본의 한반도에서의 우월권을 각각 승인하자는 내용이었다. 러시아는 이를 거부하는 대신 한반도를 39도 선으로 분할하자고 제안했다. 앞서 일본이 제안한 것이었지만, 이번에는 일본이 거부했다. 일본은 이제 39도 선에 만족하지 않았으며 러시아와 전쟁을 불사하고서라도 한반도 전역을 점령할 계획이었다.

1903년 중반 러시아와 일본은 만주와 한반도의 분할 구도를 두고 마지막 협상을 진행하고 있었다. 일본은 만주에 양국 국경에 걸쳐 각 50킬로미터의 중립 지대를 설정할 것을 제의했다. 이에 반해 러시아는 39도 선 이북을 중립 지대로 할 것을 제안했다. 양국의 협상이 교착 상태이던 1903년 7월, 러시아는 압록강을 넘어 용암포에 와서 토지를 매수하고 옥사를 건축하고는 대한 제국에 조차를 요구했다. 일본의 항의로 용암포를 개항하는 선에서 마무리되었지만, 이제 양국의 전쟁은 불가피하게 되었다.

1903년 후반 러시아와 일본 사이에 전운이 감돌자, 대한 제국은 중립국으로 인정받기 위해 노력했다. 1904년 1월 대한 제국은 중립국을 선포했으나 일본군이 1904년 2월 서울을 점령함으로써 대한 제

[지도 1-8] 러·일 전쟁 후 일본의 세력권 확장과 영토 획득

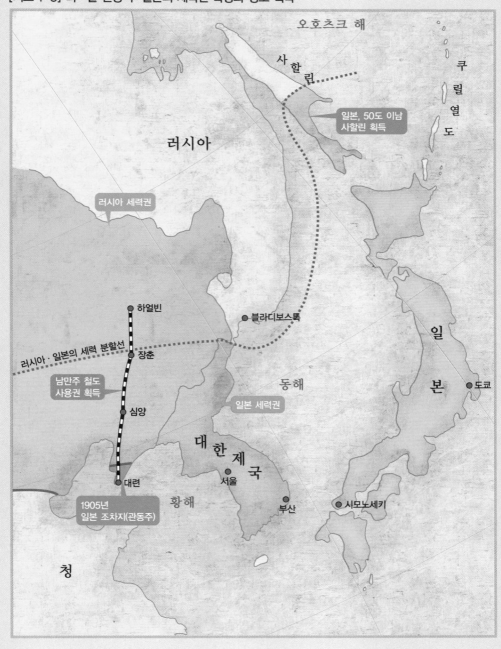

오호츠크 해

사할린

쿠릴열도

러시아

러시아 세력권

일본, 50도 이남
사할린 획득

하얼빈

블라디보스톡

러시아·일본의 세력 분할선

장춘

일 본

남만주 철도
사용권 획득

심양

동해

도쿄

일본 세력권

대한제국

대련

서울

1905년
일본 조차지(관동주)

황해

부산

시모노세키

청

국의 중립국 선언을 무력화시켰다. 청·일 전쟁 당시 경복궁을 무력 점령하면서 전쟁을 일으켰던 것과 같은 양상이었다.

러·일 전쟁은 인천 앞바다에서 시작되었다. 1904년 2월 일본 함대는 인천에 정박한 러시아 순항함 2척을 공격, 침몰시킨 후 여순항을 공격했다. 육지 전투는 압록강을 사이에 두고 의주와 안동(단동)에서 전개되었다. 일본군은 압록강을 넘어 만주로 이어지는 진격로를 확보했고 이듬해 1월에는 여순항을 점령했다. 1905년 3월 봉천(심양)에서 벌어진 격전에서 러시아군은 대패했다. 이후 러시아의 발틱 함대는 육전에서의 패배를 만회하기 위해 아프리카 희망봉과 인도양을 거쳐 대한 해협에 진입했지만, 1905년 5월 일본 연합 함대에 의해 전멸당하고 말았다.

러·일 전쟁에서 승기를 잡아가던 일본은 1905년 4월 전시 각료 회의에서 대한 제국을 '보호국'화하기로 결정했다.* 이를 위해 일본은 국제적 승인을 받았다. 7월에 태프트-가츠라 비밀 각서를 통한 미국의 승인이 있었고, 8월에는 2차 영·일 동맹을 통한 영국의 승인이 있었다.

9월에는 러·일 전쟁을 종결하는 강화 회담이 포츠머스에서 열렸다. 전승의 대가로 일본은 러시아가 점령했던 여순항 등 요동 반도는 물론 남만주 철도까지 차지하게 되었다. 그리고 북위 50도 선 이남의 사할린도 할양받았다. 이로써 러시아는 그간 구축했던 만주에 대한

＊ 보호국 | 외교 용어에서 보호 관계는 제3국으로부터 독립을 위협받는 상태에 있는 국가의 독립을 보장하기 위해 특정 국가가 보호해주는 관계를 의미한다. 그러나 국제법상 보호 관계란 보호를 하는 국가가 보호를 받는 국가의 외교권 일부 또는 전부를 획득하여 외교 기능을 대행하는 관계이다. 대한 제국의 실제적 멸망은 '보호국'화 되어 외교권을 상실한 때로 잡을 수 있다.

이권과 한반도에 대한 우월권을 상실하고 동북 아시아에서의 영향력을 잃고 말았다.

일본의 한반도 강점과 38도 분할선

한반도에 직접적인 이해 관계를 가진 국가는 국경을 접한 청과 러시아였다. 그러나 일본은 청·일 전쟁으로 청을 몰아내고 다시 러·일 전쟁을 통해 러시아를 몰아냄으로써 한반도를 고립시켰다. 이후 일본의 한반도 점령을 제어할 수 있는 세력은 없었다.

대한 제국은 러·일 전쟁 종결 후 곧바로 체결된 을사 조약으로 외교권이 박탈되었고, 1910년 한일 합방으로 건국 14년 만에 멸망했다. 한국은 1945년 해방에 이르기까지 35년간 영토와 주권을 상실한 나라가 되었다. 하지만 영토와 주권을 되찾기 위한 독립 운동이 국내외에서 일어났고, 1919년 3·1운동을 계기로 대한민국 임시 정부가 성립되어 독립 운동의 구심점 역할을 했다.

한국의 멸망이 근대 열강의 세력 구도에 의해 이루어졌듯이, 한국이 다시 독립을 하기 위해서는 국제 정세의 재편이 필요했다. 1929년 시작된 세계 경제 공황은 일본으로 하여금 대륙 침략을 감행하게 했다. 일본은 1931년 만주 사변을 일으켰고, 1937년에는 중·일 전쟁을 도발함으로써 전쟁은 확대되었다. 일본이 총력전에 돌입하면서 한반도는 전시 체제가 되었으며, 전쟁에 필요한 물자와 인력을 공급하는 병참 기지가 되었다. 그리고 효율적인 인적, 물적 자원 수탈을 위해 민족 말살 정책이 강행되고 있었다.

1941년 일본이 진주만을 기습함으로써 태평양 전쟁이 발발했다. 진주만 공격 이후 일본의 주요 교전국은 미국이었다. 미국은 태평양 전역에서 일본과 싸우고 있었기 때문에 만주 일대의 일본 관동군을 제어하기 위해서는 소련의 참전이 필요했다. 미국은 진주만 공격을 받은 직후부터 소련의 대일전 참전을 요청하고 있었다. 1944년 10월 스탈린과 루즈벨트는 소련의 대일전 참가 여부를 두고 모스크바에서 회담을 열었다.

스탈린은 대일전 참전 대가로 남부 사할린과 쿠릴 열도의 할양, 여순항의 소련 해군 기지 건설, 남만주 철도와 동청 철도 사용권, 대련항 사용권 등을 요구했다. 이 중에서 쿠릴 열도만 제외하면, 모두 러·일 전쟁 패전으로 제정 러시아가 일본에 빼앗긴 이권이었다. 소련의 대일전 참전은 러·일 전쟁 패전으로 상실한 만주에서의 이권 회복에 있었던 것이다.

미국은 소련의 요구를 수용했다. 그런데 소련군이 동북 아시아로 투입될 경우 미국과 소련의 경계가 필요했다. 그리고 미·소 양국의 지상군 작전시 군사 분계선으로도 양국의 경계가 필요했다. 미국은 부산과 인천을 포함한 범위보다 북방에서 선을 긋고자 했다. 이 선이 38도 선으로 그어졌다. 사실 38도 선은 제정 러시아와 일본 사이에 논의된 39도 선보다 소련에게 유리했다. 38도 선은 기존의 통설과는 달리 일본의 항복 접수선이나 군사 편의주의에 의해 급하게 설정된 선이 아니라, 한반도에서 미·소 양국의 세력 절충선으로 이미 합의된 선이었다.

소련군은 1945년 8월 10일 북한으로 진주했고, 미군은 9월 9일에 남한으로 진주했다. 38도 선을 경계로 미군과 소련군이 진주함으로써 38도 선은 미·소 양국이 각축을 벌이는 경계가 되었다. 소련은 러·일 전쟁 이후 제정 러시아가 동북 아시아에서 상실한 영향력을

[지도 1-9] 소련이 대일전 참전 대가로 요구한 세력 분할 구도

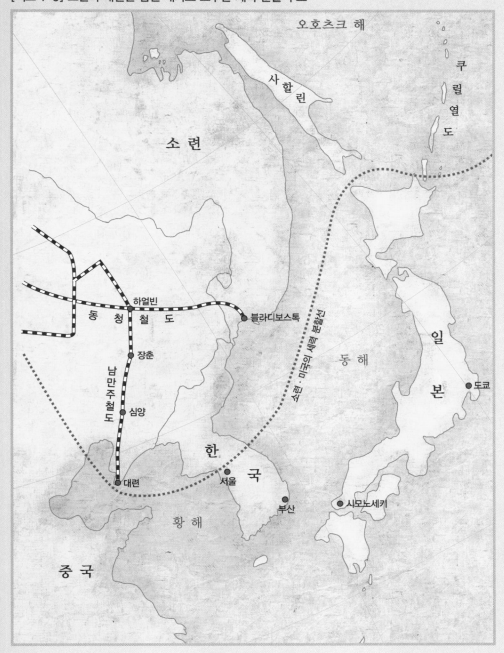

오호츠크 해

사할린

쿠릴열도

소 련

동 청 철 도

하얼빈

블라디보스톡

장춘

남만주철도

심양

동 해

소련·미국의 세력 분할선

일 본

도쿄

한 국

대련

서울

부산

시모노세키

황 해

중 국

회복했고, 미국은 동북 아시아에서 거점을 마련했다.

한말 열강들의 한반도를 둘러싼 각축은 청·일 전쟁, 러·일 전쟁을 발발시켜 한반도를 전쟁터로 만들고 종국에는 국권을 상실하게 만들었다. 그리고 해방 이후에는 미·소 양국의 각축으로 재현되었다. 미·소 양국의 각축은 6·25 전쟁으로 발화됨으로써 한반도는 다시 전쟁터가 되었다. 6·25 전쟁 후 38도 선은 휴전선이 되었고, 이 선은 현재 남북한의 경계이자 중국, 러시아로 대변되는 대륙 세력과 미국, 일본으로 대변되는 해양 세력의 경계로 작용하고 있다.

2. 간도 분쟁, 녹둔도 분쟁

간도 분쟁과 녹둔도 분쟁은 분쟁 대상국이 각기 중국과 러시아라는 점에서 별개의 분쟁처럼 보인다. 그러나 두 영토 분쟁은 그 발생 시대와 요인이 같고, 더욱이 두만강 일대를 둘러싼 분쟁이라는 점에서 동일하다. 또한 두 분쟁은 근대 제국주의 영토 쟁탈전의 산물로 그 전형을 이루고 있다는 점에서도 동일하다.

18세기 중반 청과 조선은 백두산에 국경비를 설치하고, 양국 경계를 '서쪽으로는 압록강, 동쪽으로는 토문강'으로 합의했다. 19세기 말 조선인의 간도 이주가 늘어나면서 간도가 조선 영토인지 청 영토인지가 양국의 분쟁 사안으로 떠올랐다.

당시 영토 분쟁에서 조선은 유리한 입장이었다. 전통 시대에 영토 귀속권은 거주민에 의해 결정되었는데, 간도 거주민은 거의 모두 조선인이었다. 또한 백두산 정계비는 간도 영유권이 조선에 있음을 결정적으로 증빙하고 있었다. 양국 공동의 실지 답사를 통해 토문강이 송화강으로 흘러 들어간다는 사실이 밝혀짐으로써 간도는 물론이고 송화강 이남 전역이 조선 영토에 귀속되었다.

조선과 청의 국경 회담은 30여 년에 걸쳐 진행되었다. 청의 압제를 심하게 받고 있는 중이었지만 조선은 청을 상대로 간도 영유권을 끝내 고수하고 있었다. 그러나 일본이 조선의 외교권을 박탈하면서 간도 영유권을 둘러싼 국경 회담의 당사국은 조선이 아닌 일본이 되었다. 일본은 대륙 침

북방의 영토 분쟁지

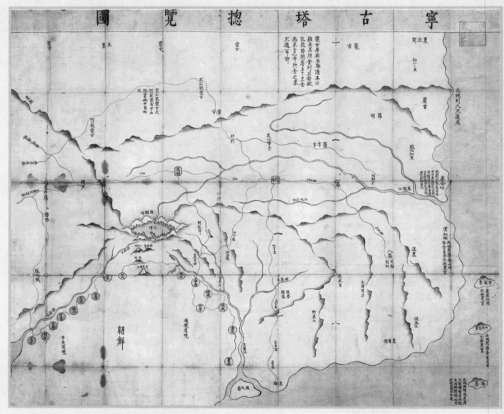

〈영고탑총람도〉, 1741년, 국립중앙박물관 소장.
좌측 아래에 조선이 있다. 두만강 하구에 녹둔도가 보이고 백두산 너머 북방 영토가 펼쳐져 있다.

략을 위해 만주 이권을 필요로 했고, 만주 이권을 획득하기 위해 간도를 청에 넘겨주었다.

녹둔도가 러시아 영토로 편입되는 과정도 비슷했다. 두만강 하구에 위치한 녹둔도는 조선 초기 영토로 편입된 이래 명실상부한 조선 영토였다. 근대에 러시아가 만주로 남하하면서 청과 러시아는 새로운 국경 조약을 맺었다. 이 조약을 통해 녹둔도는 당사국인 조선이 알지도 못한 사이에 러시아 영토로 편입되고 말았다.

간도 분쟁과 녹둔도 분쟁은 시사하는 바가 크다. 조선을 사대주의에 매몰된 왕조라고 비판하지만, 그 조선이 청을 상대로 끝내 간도 영유권을 고수했던 의지는 높이 평가해야 한다. 그러나 아무리 영토 수호 의지가 강렬하다 해도 국력이 약한 나라는 자국의 영토를 알고서도 빼앗기고 모르고서도 빼앗긴다는 뼈아픈 사실도 기억해야 한다.

1 청과의 국경비 설치

조 · 청 전쟁과 봉금 지대 설정

조 · 일 전쟁으로 명과 조선이 극도로 피폐되었을 때 만주에서 누르하치가 여진 부족들을 아우르면서 큰 세력으로 성장하여 1616년 청을 건국했다. 그간 명과 조선에 복속했던 여진이 청을 건국하자, 동아시아는 명 · 청 교체의 혼란에 휩싸였다.

1619년 명 · 청 교체의 분수령이 되는 사르후 전투가 일어났을 때,

명은 조선에 원병을 청했다. 하지만 광해군은 양국 사이에서 중립적인 입장을 취했다. 조·일 전쟁 때 원병을 보내준 명의 요구에 응하지 않을 수는 없었으나, 출정군 사령관 강홍립에게 청과 전투를 벌이지 말고 항복하라고 함으로써 강성해진 청과의 전쟁을 피했다. 조·일 전쟁 후 전후 복구에 주력하고 있던 조선으로서는 또다시 전쟁을 치를 여력이 없었고, 광해군의 등거리 외교로 청과의 전쟁을 피할 수 있었다.

그러나 인조 반정으로 광해군은 쫓겨났고 인조를 옹립한 세력은 대명 의리를 중시했다. 청에서도 태조 누르하치*와는 달리 대조선 강경론자인 태종이 즉위했다. 태종은 청이 중국 본토로 진출하기 위해서는 친명 정책을 취하면서 배후를 위협하는 조선부터 제압해야 한다는 입장이었다. 이후 두 차례에 걸친 조·청 전쟁이 일어났다.

1차 조·청 전쟁은 이른바 정묘 호란으로, 1627년 청은 폐위된 광해군을 위해 보복한다는 명분을 내세워 조선을 침공했다. 50여 일에 불과한 전쟁 기간 동안 청군의 극심한 약탈로 인하여 청천강 이북은 거의 황폐화되었고 부원수 정춘신은 청천강 이북 지역을 포기하자는 안까지 내놓았다. 조선은 청과 형제지맹을 맺어 전쟁을 종결했다. 전쟁 종결 후 체결된 강화 조약에는 조선과 청의 국경에 대한 최초의 합의문이 들어 있었다. 양국은 각자 기존의 영토를 고수한다는 내용으로, 압록강과 두만강을 경계로 한다는 것이었다.

청의 세력은 더욱 확장되었고, 조선에 대해서도 형제지맹으로 만

＊누르하치의 원병 제안 | 청 태조 누르하치는 조·일 전쟁 때 선조가 의주로 피난하자 사신을 보내 원군을 보내겠다고 제안했을 만큼 친조선적인 인물이었다. 그러나 조선 정부에서는 그의 의도를 알 수 없다 하여 원군 제의를 거절했다.

족하지 않고 군신지맹을 요구했다. 조선이 이를 거부하자 청은 1636년 다시 조선을 침략함으로써 2차 조·청 전쟁, 이른바 병자 호란이 발발했다. 조선은 또다시 대패하여 청의 요구대로 군신지맹을 맺어야 했다. 그러나 양국의 영토에는 변화가 없었다.

1644년 명은 멸망했고 청은 북경을 점령했다. 청은 중국 본토로 들어간 후에 자신들의 근거지였던 만주 일대를 봉금封禁하여 한족의 이주를 금했다. 청이 만주 일대를 봉금한 것은 청의 발상지인 만주를 신성시한다는 의도와 함께 만주 일대의 주요 산물인 인삼 채굴의 남발을 막으려는 의도도 있었다.

청은 만주 봉금을 위해 유조변책*을 설치하여 경계로 삼았다. 요동 방면의 유조변책은 산해관에서 개원, 위원보를 거쳐 압록강에 이르렀는데, 이 선을 경계로 만주 일대의 한족 이주를 금했다. 압록강과 두만강 대안 지역에도 거주를 금했다. 청의 봉금 정책으로 자연히

[지도 1-10] 고지도의 유조변책
〈입연정도도入燕程途圖〉. 18세기 말기, 서울대학교 규장각 소장
청의 유조변책이 잘 나타난 고지도이다. 유조변책의 서쪽 끝에서 만리장성이 시작되고 있다.

[지도 1-11] 청의 유조변책과 만주 봉금

조선과 청의 국경 지대는 무인 지대가 되었고, 이 지역은 간도間島라 불렸다.

양국인 모두의 거주가 금지된 이 지역에 간도라는 지명이 붙은 것은 청과 조선 사이에 놓인 섬과 같은 땅이라는 의미였다. 이 밖에도 간도墾島, 간도艮島라고 쓰이기도 했다. 간도墾島는 조선 후기에 조선 농민들이 새로 개간한 땅이라는 의미이고, 간도艮島는 조선의 정북쪽과 정동쪽 사이에 위치한 간방艮方에 있는 땅이라는 의미였다.

중국에서 한족 국가가 섰을 경우 만주의 중요성은 그다지 크지 않았다. 그러나 청은 자신의 근거지인 만주를 중시했고, 더욱이 압록

＊유조변책柳條邊柵 | 유조변책이란 버드나무를 심어 울타리로 삼은 것으로 높은 것은 3~4척, 낮은 것은 1~2자였다. 그 바깥으로는 호壕를 파서 사람들의 접근을 막았다. 청의 유조변책은 명대의 요동변장과 비슷한 지역에 설치되었지만 그 의미는 달랐다. 명대의 것은 사실상의 국경이었던 반면 청대의 것은 거주 금지의 경계일 뿐이었다.

강, 두만강 전역이 청의 영토와 직접 맞닿고 있었다. 또한 무인 지대로 설정된 지역은 경계가 모호하여 양국 사이에 국경 분쟁의 소지를 배태하고 있었다. 청이 백두산을 시조의 발상지로 신성시했던 것도 백두산을 두고 접경한 두 나라 사이에 분쟁의 단서가 될 수 있었다.

백두산 정계비 설치

경계가 모호한 압록강, 두만강 대안 지역의 무인 지대를 둘러싼 조선과 청의 국경 분쟁은 18세기 초반에 시작되었다. 숙종 때 조선인이 압록강, 두만강을 넘어 벌목하거나 인삼을 채취하는 일이 자주 발생했다. 당시 인삼은 최고의 고부가 가치 상품이어서 조선인들은 위험을 무릅쓰고 월경하여 인삼을 채취하곤 했다.

1710년 압록강 연안에 살던 이만기가 월경하여 인삼을 채취하고 청 관리를 살해한 사건을 계기로 청은 국경 재획정 문제를 본격적으로 거론했다. 당시는 강희제 때였다. 강희제는 외몽고, 이리, 청해, 티벳 등을 정복하여 영토를 크게 확장시켰고, 이에 따라 수많은 접경 국과의 국경을 획정하고 있던 중이었다. 러시아와 네르친스크 조약(1689), 키아크타 조약(1727)을 맺어 국경을 확정한 것도 그 일환이었다. 프랑스 선교사 레지P. Regis에게 국토 측량을 담당하게 하고 지도와 지리서 제작을 감수하게 한 것도 국경 획정의 준비 작업이었다. 조선과의 국경 재획정도 같은 맥락에 놓여 있었다.

1712년 청은 국경 조사를 조선에 통보했고 오랄 총관 목극등을 차사로 파견했다. 조선에서는 박권을 접반사로 임명하여 함경 관찰사 이선부와 함께 국경 조사에 임하게 했다. 조선의 입장은 오래 전부터 압록강, 두만강을 경계로 삼았으므로 두 강의 남쪽이 조선 영토라는 사실을 청에 주지시키는 데 있었다.

목극등은 천리경, 양천척 등 측량 도구를 갖추고 정밀 지도를 제작하는 기사를 동반하고, 압록강, 두만강의 수원을 백두산 일대의 실지 답사를 통해 확정하여 양국의 국경을 정하고자 했다. 조선 대표는 백두산을 답사하려는 목극등에게 산세의 험준함을 이유로 말렸다. 그러나 목극등은 오히려 박권과 이선부가 늙어서 험준한 산행을 할 수 없을 것이라면서 조선 대표의 동행을 거부했다. 조선 대표를 배제시킨 상태에서 목극등은 백두산을 답사했고, 두 강의 발원처라 여긴 지점에 정계비를 세워 그 비문에 '서쪽으로는 압록강, 동쪽으로는 토문강'을 경계로 삼는다고 새겼다. 이로써 정묘호란 이후 85년 만에 조선과 청의 국경은 압록강과 토문강으로 재획정되었다.

그러나 백두산 정계비를 설치하는 과정은 여러 문제를 야기시켰다. 양국의 국경을 획정하는 자리였음에도 조선 대표가 일방적으로 배제되어 형평성을 잃었다는 절차상의 문제가 있었다. 조선 대표가 직접 참여하지 못함으로써 정계비 비문에는 조선 대표의 서명이 없었고, 더욱이 청의 국명만 있을 뿐 조선의 국명은 없었다.

무엇보다 조선 대표의 불참은 토문강이 두만강의 수원인지 여부를 확정짓지 못한 원인이 되었다. 목극등은 두만강의 수원을 토문강으로 파악했으나 실제 토문강은 두만강이 아닌 송화강으로 흘러들어가는 강이었다.

결과적으로 조선과 청은 압록강과 송화강을 국경선으로 획정지은 셈이었다. 송화강이 국경이 되면 간도가 조선 영토가 됨은 물론이고 송화강 동쪽, 즉 동만주 전역이 조선 영토가 된다. 반면, 두만강이 국경선이 되면 간도는 청의 영토가 된다. 이는 후일 조선과 청이 간도

[지도 1-12] 고지도의 백두산 정계비

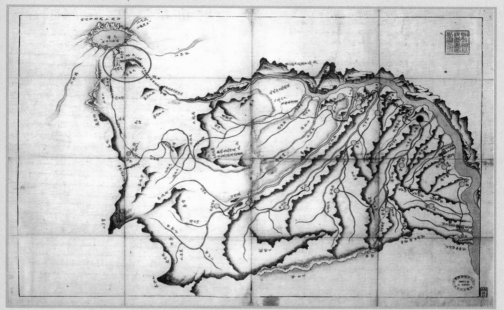

〈북관장파지도北關長坡地圖〉. 1880년대, 국립중앙도서관 소장. 백두산 천지 인근에 설치된 정계비와 목책木册이
잘 나타나 있다.

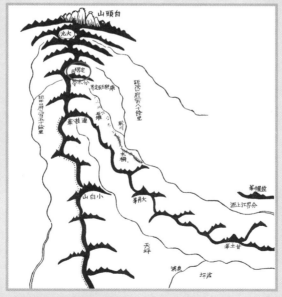

〈대동여지도〉의 백두산 정계비

[지도 1-13] 토문강 해석에 따른 조·청 국경선

백두산 정계비의 '토문강=두만강' 일 때 조·청 국경선

백두산 정계비의 '토문강=송화강' 일 때 조·청 국경선

를 둘러싸고 벌인 영토 분쟁에서 핵심 논점이 되었다.

실학자들의 백두산 정계비 비판

백두산 정계비를 설치하는 과정에서 조선 대표의 소극적인 자세는 곧바로 사헌부의 탄핵을 받았다. 그러나 반세기가 흐른 후 영토 의식이 높아진 18세기 후반에 이르러 백두산 정계비는 본격적인 비판의 대상이 되었다. 특히 조선 후기 실학자들은 백두산 정계비가 과연 조선과 청의 국경비로 타당한지, 그리고 문제가 되는 토문강의 위치와 명칭에 대해 많은 관심을 나타냈다.

조선 후기 실학자들은 영토 문제에 관심이 많았고, 특히 고구려, 발해 영토에 대한 실지 회복 의식이 강했다. 요동과 흑룡강 이남의 땅을 수복해야 한다는 입장으로, 이 입장에서는 백두산 정계비에 의해 토문강이 국경이 된 것은 영토의 상당 부분을 상실한 것에 지나지 않았다. 이들은 백두산 정계비는 '아무도 다투어 밝히지 못하고 수백 리의 강토를 앉아서 잃고'만 결과를 가져왔을 뿐이라고 비판했다.

홍양호는 조선의 동북부 지역 경계는 백두산으로부터 시작하여 송화강이 되어야 한다고 주장했다. 홍양호의 주장은 조선 초기 이지란이 백두산에서 송화강까지의 1천여 리를 조선 영토로 편입했다는 기록에 근거하고 있었다. 이익은 고려 때 윤관이 세운 선춘령비가 동북부 경계여야 한다고 주장했다. 이익은 서희가 소손녕에게 고려가 고구려 계승국이라는 논리를 내세워 압록강까지 확보한 예를 들면서, 백두산 정계비를 세울 당시 조선 관리가 윤관의 선춘령비를 근거로 내세우지 않았던 것을 개탄했다.

정약용은 분계강을 조선과 청의 경계로 주장했다. 분계강은 백두

[지도 1-14] 조선 후기 실학자들의 실지 회복 의식

흑 룡 강

홍양호가 주장한 조·청 국경선

송 화 강

송 화 강

이익이 주장한 조·청 국경선

선춘령비

두 만 강

온성

정약용이 주장한 조·청 국경선

백두산

폐사군 복치주장

압 록 강

의주

동 해

해

산 북쪽에서 발원하여 북간도를 거쳐 온성에 이르러 두만강과 합류하는 강이다. 정약용은 백두산 정계비가 세워지기 전에도 조선과 청의 경계는 분계강이었고, '분계강分界江'이라는 이름 자체가 양국 간의 경계를 의미한다고 했다.

그러나 이들은 현지 답사를 한 것은 아니었기 때문에 토문강이 어디로 흘러 들어가는지를 정확히 파악하고 있지는 못했다. 대체로 토문강과 두만강의 원류가 각각 다르다는 정도만 인식하고 있었다. 실학자들의 주장에서 나타나는 것처럼, 이들이 상정한 조선 영토는 조선 초기의 압록강—두만강보다 넓었다.

백두산 정계비를 비판하면서 실학자들은 압록강 일대의 폐사군을 복치할 것도 주장했다. 조선 초기에 설치된 4군은 방어상의 난점 때문에 설치된 지 얼마 되지 않아 폐지된 이래 공지화되어 있었다. 실학자들은 전략적인 요충지인 폐사군을 계속 버려둘 수는 없다고 했다. 폐사군 지역이 무너지면 청천강 이북의 땅을 지킬 수가 없으므로, 4군을 다시 설치하여 주민을 거주하게 해야 국방을 강화할 수 있다는 입장이었다.

백두산 정계비에 대한 비판과 폐사군 복치 주장에서 나타나듯이 조선 후기 실학자들의 영토에 대한 관심은 높았고, 그 저변에는 실지 회복 의식이 작용하고 있었다. 그러나 청이 강성한 당시에 실지 회복이란 실제로는 어려운 일이었다. 따라서 실지 회복을 위한 준비 단계로 북방 지역의 방어를 튼튼히 할 것을 촉구하고 있었다고 할 수 있겠다.

2 청과의 간도 분쟁

조선인의 간도 이주

백두산 정계비가 안고 있던 여러 문제는 19세기 후반부터 간도 영유권을 둘러싸고 조선과 청의 국경 분쟁으로 나타났다. 간도는 서간도와 동간도로 구분된다. 서간도는 압록강 이북 지역과 송화강 상류 지역의 백두산 일대를 포함한다. 동간도는 두만강 건너 노야령산맥과 흑산령산맥 사이를 흐르는 포이합통하, 해란강, 알아하 유역의 일대 분지, 그리고 서쪽의 송화강 동류인 혼동강과 목단령산맥 사이의 지역을 이른다. 우리가 흔히 말하는 간도는 동간도로, 북간도라고도 불리며 두만강 건너의 분지를 지칭한다.

간도는 한국사와 밀접한 관계가 있는 지역이다. 읍루와 숙신이 있던 땅으로 고구려에 합병되었다가 고구려 멸망 후에는 발해의 판도에 들었고, 발해 멸망 후에는 여진이 거주했다. 고려 예종 때 윤관이 여진 정벌을 단행하여 설치한 9성 중 공험진이 두만강 건너 노송령 일대에 설치되었다. 경흥에서 두만강을 건너 30여 리 동북쪽에 있는 금당촌은 조선 태조의 고조부인 목조의 근거지였기 때문에 조선 왕조로서는 건국의 기틀이 마련된 곳이기도 했다.

그러나 1880년대 간도가 조선과 청의 영토 분쟁지화됐던 것은 이러한 역사적 연고권에 의해서가 아니라 간도에 조선인 이주가 급증하면서부터였다. 1860년대 이래 함경도, 평안도 지방에 기근이 자주 들면서 조선인의 간도 이주는 급격히 증가하고 있었다. 특히 1869년

[지도 1-15] 조선 후기 조선인의 이주 지역과 간도

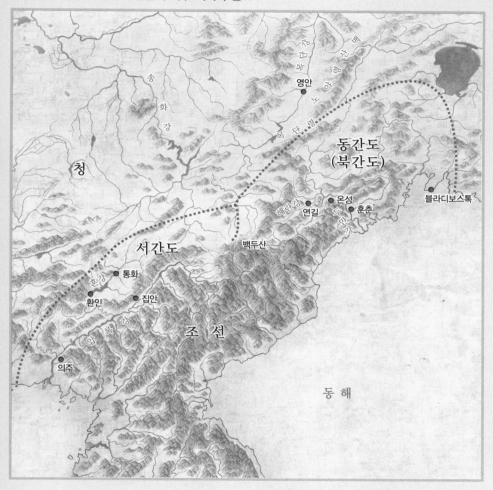

[지도 1-16] 〈조선 왕국 전도〉에서의 간도

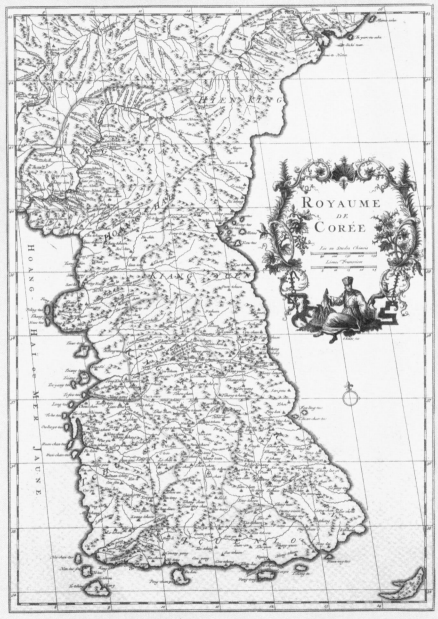

프랑스 지도학자 당빌(1697~1782)이 만든 이 지도에는 간도가 조선의 영토임을 표시한 레지선이
잘 표현되어 있고, 독도 또한 조선 영토로 그려져 있다.

과 1870년의 흉년은 조선인을 대거 간도로 이주하게 했다. 또한 청도 19세기 후반부터 만주 봉금을 풀었고, 이에 따라 간도로 이주하는 청국인도 늘고 있었다.

간도에 청국인과 조선인이 거주하게 되면서 두 국민 사이에는 마찰이 생기기 시작했다. 간도에 거주하는 조선인에 대한 청 정부의 원칙적 입장은 조선으로 돌려보낸다는 것이었다. 그러나 조선인 수가 상당했기 때문에 실제로는 불가능한 일이었다. 조선 정부에서는 함경도 관찰사에게 지권을 발급하게 하고 토지 대장을 만들어 세금을 거둬들이게 함으로써 간도에 대한 행정권을 정식으로 행사했다.

양국 정부의 입장이 팽팽한 가운데, 1882년 청은 간도에 거주하는 조선인을 청의 국적에 포함시키겠다고 통고했다. 그러자 조선 정부는 간도 거주 조선인을 소환할 테니 청 국적 편입을 중지시켜 달라고 하여 잠정적 타협이 이루어졌다. 그러나 조선 정부가 간도의 조선인을 소환하기는 역부족이었다. 이미 생활 근거를 잡은 조선인들은 정부의 요구에 응하지 않았고 오히려 이주자의 수는 늘어만 갔다.

이듬해 청은 토문강 북쪽과 서쪽에 사는 조선인을 조선으로 돌려보내겠다고 강경하게 통보했다. 이 통보는 간도 거주 조선인들에게 큰 충격을 주었다. 조선인들은 직접 백두산에 올라 정계비와 토문강을 답사하고 토문강이 두만강의 수원이 아님을 확인했다. 이들은 종원부사 이정래에게 토문강은 송화강으로 흘러들어가고 있는데도 청이 토문강을 두만강으로 오인하고 있고, 청국인들이 조선인이 개척한 농토를 빼앗기 위해 무고하고 있다고 호소했다.

이정래는 이 사실을 조선 정부에 보고했고 조선 정부에서는 어윤중을 파견했다. 어윤중은 백두산 지리에 밝은 경원 출신 김우식에게 백두산을 답사하게 했고, 그 결과 토문강과 두만강이 다른 강이라는 사실을 확인할 수 있었다. 어윤중은 청에 토문강의 발원처를 조사할 것을 요청했다. 두만강이 아닌 토문강이 따로 있고, 백두산을 조사한 결과 정계비 내용과 일치하니 양국이 공동으로 조사하여 국경을 명확히 하자는 것이었다.

간도 국경 회담

청은 어윤중의 제안이 있은 지 2년 후인 1885년에야 회담에 임했다. 을유 감계 회담이라 불리는 1차 회담은 회령에서 열렸다. 조선은 이중하를 대표로 파견했고, 국경 회담은 1885년 9월 30일부터 11월 30일까지 4차례에 걸쳐 진행되었다.

청 대표는 처음부터 자신들에게 불리한 백두산 정계비를 무시하는 입장이었다. 자신들은 두만강 조사 임무를 띠고 왔을 뿐이어서 두만강 하류에서 위쪽으로 답사하여 여러 개의 상류 중 어느 것이 원류인가를 결정하면 된다고 했다. 가능하면 백두산 정계비를 답사하지 않으려는 입장이었다. 이에 반해 조선 대표는 백두산 정계비를 중시하는 입장이었다. 자신들은 토문강 조사의 임무를 띠고 왔기 때문에 백두산 정계비로부터 아래쪽으로 답사해 내려가자고 했다.

결국 청측의 주장이 관철되어 양측 대표는 회령에서 출발하여 두만강을 따라 백두산으로 올라가면서 답사를 했고, 양국 대표는 토문강이 송화강 상류임을 확인할 수 있었다. 그러나 청 대표는 토문강이 두만강의 다른 이름일 뿐이고, 양국의 원래 경계가 두만강이었고 본국 정부로부터 두만강 조사만을 지시받았을 뿐이라고 주장했다. 조선 대표는 백두산 정계비의 '토문'은 문자대로 토문강이니 간도는

[지도 1-17] 간도 국경 회담에서 조선과 청의 국경선 주장

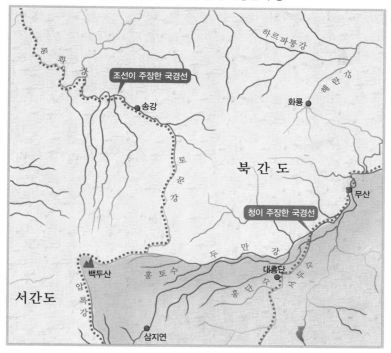

의당 조선 영토라고 주장했다. 양측의 엇갈린 주장으로 인해 회담은 결렬되었다.

1차 국경 회담이 결렬된 2년 후인 1887년, 이번에는 청이 회담 재개를 요청했다. 정해 감계 회담으로 불리는 2차 국경 회담이 시작된 데에는 당시 조선을 좌지우지하고 있던 원세개의 압력이 작용했다. 원세개는 조선이 토문강과 두만강을 별개의 강이라고 억지를 부려 영토 확장의 야심을 드러냈다며 회담을 다시 할 것을 종용했다.

2차 국경 회담에서도 조선 대표는 이중하였고, 1887년 4월 4일에서 5월 19일까지 3차에 걸쳐 진행되었다. 청은 두만강을 경계로 하

되, 두만강 상류의 어느 강을 경계로 할 것인지를 논의하자고 했다. 두만강은 중하류에서는 한 줄기로 흐르지만 상류에서는 세 가닥으로 나뉘어 있었다. 제일 위쪽이 홍토수, 중간 것이 홍단수, 제일 아래가 서두수이다.

청은 제일 아래에 있는 서두수를 두만강의 본류로 주장하고 양국의 경계로 삼아야 한다고 주장했다. 하지만 조선은 홍토수, 홍단수, 서두수 모두가 조선 내지에 있는 강이므로 경계가 될 수 없다는 입장이었다. 조선 대표가 청의 요구를 완강히 거부하자, 청 대표는 조금 양보하여 홍단수를 경계로 하자고 했다. 이 제안도 듣지 않자 청은 군대로 위협을 가했다.

이중하는 '내 머리는 잘라 갈 수 있을 것이나 우리 국토를 잘라 갈 수는 없을 것'이라고 단호히 거부하고, 백두산 정계비에 적힌 대로 토문강을 경계로 해야 한다는 입장을 고수했다. 그러나 청은 백두산 정계비가 국경비로서의 요건을 충족시키지 못한다는 사실을 물고 늘어졌다. 백두산 정계비에는 '분계分界'라는 글자가 없기 때문에 국경비가 아니라 청이 변경 시찰을 기념하여 세운 비에 지나지 않고, 더욱이 양국이 공동으로 설립한 것도 아니라고 했다.

1차 회담보다 2차 회담은 더 위압적인 분위기에서 진행되었다. 위협에 몰린 이중하는 조선 정부의 지시도 받지 않은 채 토문강 주장을 포기했다. 청은 여전히 홍단수를 주장했지만 이중하는 홍토수를 경계로 할 것을 주장하여 회담은 결렬됐다. 조선 정부는 원세개에게 공문을 보내 이중하의 홍토수 경계 주장은 정부의 입장이 아니므로 부정한다고 통보했다. 그러나 원세개는 조선 정부의 통보를 묵살했다. 이후 청은 국경 회담에서 양국의 국경이 홍단수로 결정되었다고 해석했고, 조선은 아무 결론 없이 유산되었다고 각기 다르게 해석했다. 결국 간도 영유권을 둘러싼 양국의 국경 회담은 최종적인 결론을 얻지 못한 채 종결되고 말았다.

1차, 2차 국경 회담이 열리고 있을 당시 조선은 청의 압제를 심하게 받고 있었다. 1882년 임오 군란을 진압하는 과정에서 청군은 조선에 군대를 주둔시키고 대원군을 납치해 갔다. 1894년 청·일 전쟁에서 패배해서야 청의 세력은 퇴각했다. 청이 퇴각한 후에 조선은 간도 정책을 보다 강화할 수 있었다. 청·일 전쟁 이후부터 1905년 을사 조약까지 10여 년 동안 조선은 어느 시기보다 간도에 대한 영토 주권을 강하게 행사했다. 1902년 이범윤을 북변 간도 관리사로 파견하여 호구수 조사, 포병 양성, 조세 징수 등을 실시했고, 간도를 함경도의 행정 구역으로 편입시켜 군면제를 정리했다. 간도는 명실상부하게 대한 제국의 영토였던 것이다.

일본의 간도 할양

청은 조선과 간도를 두고 협상을 거듭하고 있었으나 청도 근대 열강에 휘둘리는 처지여서 간도뿐 아니라 만주에 대한 강력한 입장을 견지할 수 없었다. 청이 약화되면서 만주로 진출하고자 하는 세력은 일본과 러시아였다. 일본의 대륙 진출 정책과 러시아의 남진 정책은 만주에서 충돌했다. 만주 동남부에 위치하고 있던 간도는 두 나라 세력의 강약 여부에 따라 그 운명이 결정될 형세에 놓여 있었다.

1905년 일본이 러·일 전쟁에서 승리함으로써 남만주 일대의 지배권을 확립했다. 러·일 전쟁 후 일본은 대한 제국에 을사 조약을 강요했다. 을사 조약으로 조선의 외교권이 일본에 넘어가자 일본 통

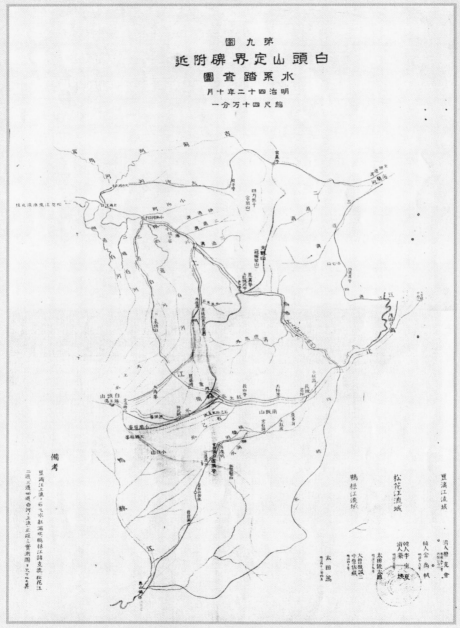

일본은 청과 간도 회담을 진행하기에 앞서 백두산 정계비 인근의 수계를 정밀하게 조사했다.

감부가 간도를 관할했다. 1907년 통감부는 간도 용정촌에 통감부 파출소를 설치하고 간도는 조선 영토라고 선언했다. 일본이 간도를 조선 영토로 인정한 것은 간도를 거점으로 만주로 진출을 확대하기 위해서였다.

그러나 일본은 1909년 9월 돌연 태도를 바꾸어 간도를 청에 양도했다. 조선이 청의 압제를 받는 가운데서도 두 차례의 국경 회담을 통해 지켜온 간도 영유권을 청에게 넘겨주었던 것이다. 일본은 간도를 청에 넘겨주는 대신 만주 일대의 철도 부설권과 무순 일대의 탄광 채굴권을 얻었다. 일본은 당장의 간도 지배보다 만주 전역으로 진출할 수 있는 교두보를 확보하기 위해 일단 간도를 청에 양보했다. 대신 한반도의 경의선과 연결되는 안동(단둥)－봉천(심양)을 잇는 철도 부설권을 확보함으로써 대륙 침략의 기반을 닦으려고 했다.

일본과 청 사이에 맺어진 간도 협약은 전문 7개조로 구성되어 있다. 간도 협약 제1조는 두만강의 서두수를 양국의 국경으로 명시했다. 서두수가 국경이 되면서 간도뿐만 아니라 백두산 천지까지도 청의 영토로 편입되었다. 이는 청과 조선의 국경 회담 당시 청이 요구했던 것으로, 사실 청은 이 요구를 관철시키기 위해 일본에 만주 이권을 대폭 양보해야만 했다. 그리고 이때 맺은 간도 협약은 간도의 조선인 거주 지역을 동만주의 동남부 일대로 한정시킴으로써 간도의 범위가 바뀌는 계기가 되었다. 본래 조선이 주장한 간도 범위는 토문강－송화강－흑룡강 선 동쪽이었던 데 반해, 간도 협약 이후의 간도는 동만주 중에서도 동남부 일대로 축소되었던 것이다.

일본이 청과 체결한 간도 협약은 두 가지 측면에서 국제법상 무효로 간주된다. 첫째, 을사 조약 자체가 무효이기 때문에 그를 토대로

[지도 1-19] 1919년 만철 노선도

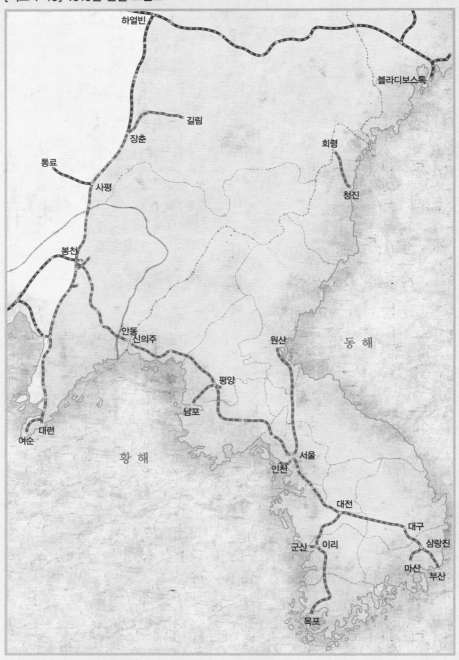

일본이 청에 간도를 할양하면서 획득하려 했던 것은 한반도의 경의선과 남만주 철도를 연결하여 대륙 침략의 교두보를 쌓는 것이었다(붉은색 노선).

체결한 간도 협약은 무효일 수밖에 없다는 것이다. 둘째, 1945년 일본의 무조건 항복으로 일본 제국주의 시대에 체결된 조약은 무효가 되었다는 것이다. 일본이 체결한 조약이 모두 무효화되면서 간도 협약의 교환 조건으로 체결된 만주 협약이 무효가 되었는데 간도 협약만 여전히 유효한 것은 모순이 아닐 수 없다.

헌법의 영토 조항과 간도

1948년 제헌 국회는 헌법을 기초하면서 '대한민국의 영토는 한반도와 그 부속 도서로 한다'라는 영토 조항을 넣었다. 이 영토 조항을 둘러싸고 제헌 국회 의원들 사이에 많은 논의가 있었다.

모든 국가의 헌법이 영토 조항을 두고 있는 것은 아니다. 일반적으로 헌법에 영토 조항을 두는 경우는 다수 국가가 결합하여 하나의 국가를 형성한 연방 국가나 새로 탄생하는 신생 국가일 경우였다. 하지만 연방 국가도 신생 국가도 아니고, 고유한 영토를 가진 대한민국이 헌법에 군이 영토 조항을 넣을 필요가 있느냐는 의견이 제헌 국회 의원들 사이에 있었다. 그러나 이 조항은 대한민국 헌법이 적용되는 범위가 38도 선 이남이 아니라 북한 지역까지 미친다는 사실을 명시하기 위해 넣기로 했다.

또한 '한반도'라는 용어도 제헌 국회에서 문제가 되었다. 일부 제헌 국회 의원들은 '반만년 역사를 가진 우리 영토를 반도라고 쓴 사람은 없었고, 왜적이 우리 민족을 매도하고 우리 영토를 자기 나라 영토로 보려는 의미에서 반도라는 용어를 썼을 뿐'이므로 반도라는 용어를 쓰는 것은 부적절하다고 지적했다. 그러나 삼면이 바다로 둘러싸인 육지는 지리학상 반도로 통용하므로 반도라는 용어는 무리가 없다고 합의했다. 단지 국호에 '한'이 있으므로 조선 반도가 아닌 한 반도로 하고, 그간 교과서와 공식 문서에서 통용되던 조선 반도를 한 반도로 바꾸기로 결정했다.

그런데 한반도가 포함하는 범위가 어디까지인지가 문제되었다. 간도까지 포함해서 한반도라고 하는지, 압록강－두만강 이남을 한반도라고 하는지가 불분명했다. 또한 '한'이라는 국호로 영토를 한정하는 것은 영토의 범위를 축소시킨다는 지적이 있었다. 제헌 국회 의원들은 만주, 특히 간도에 대한 영토적 중요성을 인식하고 있었고, 다음과 같이 주장했다.

> 저 만주의 북간도에서 우리 민족의 분투감으로 보더라도, 또 역사상으로 보더라도 그 지역에 대한 모든 권리는 우리 민족이 가지고 있습니다. 국가적으로는 현재 그 권력을 가지고 있지 못하지만, 이것은 과거의 역사 사실로 보더라도 우리 국토로 편입하지 않으면 안 될 것입니다.

제헌 국회 의원들은 만주와 간도의 포함 여부를 두고 한반도라는 명칭의 문제점을 계속 논의했다. 사실 국호로 영토 이름을 달았다면 '대한 반도'라는 표현이 정확했다. 제헌 국회 의원들이 대한 반도를 채택하지 않은 것은 땅 이름과 국가 이름을 구분한다는 취지에서였다. 따라서 한반도는 고유한 우리 영토에 대한 지리적, 역사적 명칭이지 국호에 따른 명칭은 아니었다. 제헌 국회가 우리 영토에 대한 지리적, 역사적 범위를 두고 다기한 논의 끝에 채택한 한반도라는 명칭에는 간도까지 포함하고 있었던 것이다.

그러나 당시 대한민국 주권이 실효적으로 작용하는 범위는 38도선 이남이었고, 6·25 전쟁 후에는 휴전선 이남이었다. 냉전 시대 동안 간도는 멀리 떨어진 곳이 되었고, 점차 한국인의 영토 인식에서 멀어져 가고 있었다.

[지도 1-20] 현재 북한과 중국의 천지 국경선

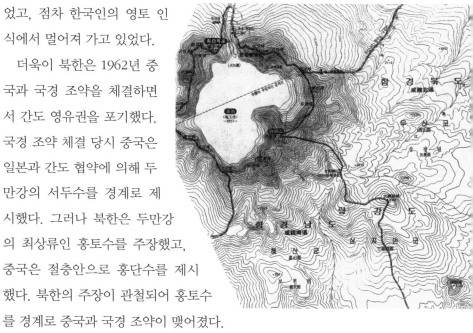

더욱이 북한은 1962년 중국과 국경 조약을 체결하면서 간도 영유권을 포기했다. 국경 조약 체결 당시 중국은 일본과 간도 협약에 의해 두만강의 서두수를 경계로 제시했다. 그러나 북한은 두만강의 최상류인 홍토수를 주장했고, 중국은 절충안으로 홍단수를 제시했다. 북한의 주장이 관철되어 홍토수를 경계로 중국과 국경 조약이 맺어졌다.

현재 북한과 중국의 국경은 홍토수로부터 직선으로 그어지면서 백두산 천지를 가르고 있다. 천지 주변의 16개 봉우리 가운데 7개 봉이 북한 영토로, 9개 봉이 중국 영토로 나뉘어져 있다. 현재 한국 영토는 조선 왕조, 그리고 대한 제국의 영토보다 축소되어 있는 것이다.

중국의 동북 공정과 간도

1992년 한중 수교 후 간도는 다시 주목받기 시작했다. 중국의 행정 구역 명칭으로 연변 조선족 자치구라 불리는 간도에 한국의 진출이 활발해지면서 중국 동포와 한국인의 유대감이 높아졌고, 간도가 고구려와 발해의 활동 무대였음을 재인식하게 되었다.

간도 분쟁은 21세기에 들어 새로운 양상을 맞이하게 되었다. 중국은 2002년부터 '동북 공정'이란 것을 추진하고 있다. 동북 공정은 중국 국무원 산하의 사회 과학원 직속 기관인 변강사지 연구중심邊疆史地研究中心에서 추진하는 국가 차원의 연구 프로젝트이다. 명목상으로는 중국 동북 3성에 대한 역사, 지리, 민족 문제 등을 연구한다고 하고 있다.

그러나 동북 공정이 고구려사와 발해사를 중국사로 편입하려는 목적으로 진행되고 있음이 알려지면서 한국의 거센 반발을 불러 일으켰다. 중국 정부는 고구려 수도였던 환인과 집안 일대를 대대적으로 발굴하여 고구려 유적을 유네스코 세계 문화 유산으로 등록했고, 현재는 발해 유적을 발굴하는 작업을 진행하여 유네스코 세계 문화 유산 등록을 준비하고 있다. 이를 위해 중국 정부는 천문학적인 예산을 쏟아 붓고 있다.

중국이 한국의 반발에도 불구하고 천문학적인 예산을 써가면서 국가 차원에서 고구려사와 발해사를 자국사로 편입하려는 의도는 비단 과거의 고구려사와 발해사에 있지 않다. 동북 공정은 간도를 둘러싼 영토 분쟁과 직접적인 관련이 있으며, 이는 고구려와 발해가 활동한 만주 지역, 그 중에서도 간도 지역에 대한 영유권 논쟁을 미리 차단하려는 데 있다. 한국이 간도에 가진 역사적 연고권을 봉쇄하고 자신들의 역사적 연고권을 창출하기 위한 목적에서 고구려사와 발해사의 자국사 편입을 강행하고 있는 것이다.

현재 간도에는 다수의 중국 동포가 거주하고 있고 한국 경제력이 많은 영향을 미치고 있다. 소수 민족의 분리 독립 문제로 골머리를 앓아온 중국은 이러한 상황에서 조선족이 독립 문제를 제기할 수 있다고 우려하고 있다. 또한 동북 3성의 전략적 가치가 매우 높아지고 있는 가운데 한반도에서 남북 통일의 분위기가 고조되고 있는 변화도 중국으로서는 우려할 만한 사안이다. 중국은 통일 한반도가 강화된 결속력을 바탕으로 간도 영유권을 강하게 제기할 것으로 예측하고 있다. 미래에 대한 우려가 동북 공정이라는 역사 전쟁으로 나타난 것이다.

중국의 동북 공정이 비단 과거사의 자국사 편입을 목적으로 하는 연구가 아니라 현재의 간도 문제를 겨냥하고 있음은 연구 과제 설정에서 나타난다. 1차 연도인 2002년 27개 연구 과제 가운데 12개, 2차 연도인 2003년 15개 과제 중에서 9개 과제가 간도 문제와 직간접적으로 연결되어 있다. 이는 결국 중국의 동북 공정이 역사 연구라는 명목으로 진행되고 있음에도 백두산 정계비 설치, 두 차례에 걸친 조·청 국경 회담과 같은 간도 영토 분쟁의 연장선에서 이루어지고 있음을 알 수 있게 한다.

3 러시아와의 녹둔도 분쟁

녹둔도 전투와 녹둔도의 연륙

녹둔도는 동해 어구로 들어가는 두만강 하류에 위치한 하천 섬이었다. 원래는 사차마, 사혈, 사혈마로 불리다가 6진 설치 때 조선 영토로 편입되었고, 세조 때 녹둔도로 명명되었다. 조선 시대 동안 행정적으로 경흥부에 속하고 조산보와 10리 떨어져 있어 조산 만호가 관할했다. 지금은 러시아와 연륙되어 사라진 섬이지만 크기는 여의도의 4배 크기인 32평방킬로미터로 추정되고 있다.

조선 시대에 녹둔도는 변방 방어 기지이자 경작지였다. 세조는 여진의 침략과 약탈을 우려해 엄중히 방비할 것을 명했고, 성종과 중종 때에도 여진의 침략으로부터 녹둔도 경작민의 보호를 위한 각종 논의가 있었다. 녹둔도는 그 위치상 두만강의 최전선 방어 기지였기 때문에 여진의 침입이 잦았다. 조선은 여진 침입으로 큰 피해를 입을 때마다 대규모 정벌을 단행했다. 이러한 대규모 여진 정벌은 조선 전기에 13차례나 있었다. 그 중에서도 가장 큰 피해를 입고, 이에 가장 크게 여진 정벌을 단행한 일이 선조 때 있었다. 이른바 녹둔도 전투였다.

당시 녹둔도는 토성을 쌓고 높이 6척의 목책을 둘러 방비 시설을 갖추고 있었다. 또한 농민들은 상주가 금지되어 있었기 때문에 배로 오가며 농사를 짓고 있었다. 선조 때에는 농민 출입의 번거로움을 해소하고 방비 강화를 위해 녹둔도에 둔전을 설치했다. 둔전 설치로 녹둔도 방어가 강화되자, 1587년 여진이 대거 침입하여 조선군 11명을 살해하고 군민 160여 명을 납치하고 말 15필을 약탈한 사건이 발생했다. 이때의 책임을 물어 경흥 부사 이경록과 조산 만호 이순신은 파직되었다.

조선군은 2차에 걸친 여진 정벌을 단행했다. 1차 정벌에서 포로 160여 명을 구출했으나 아군의 피해도 적지 않았다. 4개월 후인 1588년 1월에 단행된 2차 정벌은 대규모로 이루어졌고 대승을 거두

[지도 1-21] 녹둔도가 연륙되기 전의 고지도

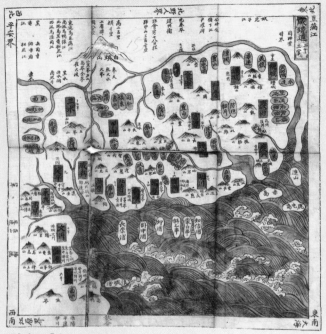

〈함경도〉(『팔도지도』), 17세기 초기, 국립중앙박물관 소장.

[지도 1-22] 녹둔도가 연륙된 고지도

〈경흥부지도〉, 18세기 후반, 서울대학교 규장각 소장

었다. 여진 부락 200여 호를 불태우고 380여 명을 사살했으며 말 9 필, 소 20두를 노획했다. 이 전투는 조선 전기의 여진 정벌사 가운데 전과가 가장 큰 승리였다.

17세기 중엽 이래 청의 만주 봉금 정책으로 청과 조선의 국경 지대가 무인 지대가 되면서 녹둔도의 여진 침략은 사라졌다. 그러다가 18세기 초엽부터 두만강 하류의 퇴적 작용으로 녹둔도 오른쪽으로 흐르던 두만강이 막히면서 녹둔도는 러시아 쪽으로 이어지게 되었다. 녹둔도가 러시아 쪽으로 완전히 연륙된 것은 18세기 후반 즈음일 것으로 추정되고 있다.

정조 즉위 초엽, 경흥 부사로 재직하고 있던 홍양호는 두만강 하류 일대에서 물길이 바뀌면서 국토가 변하고 있고, 특히 녹둔도가 타국의 땅으로 연륙되었음을 지적했다. 홍양호는 홍수가 날 때마다 국토가 날로 감소되고 있다고 탄식하면서 버드나무를 심어 물길의 흐름을 늦추어 퇴적 작용을 막고자 했다. 정조(1777~1800) 연간을 계산하면, 두만강 하류의 퇴적 작용은 18세기 초엽부터 서서히 진행되어 18세기 후반에 녹둔도를 연륙시켰던 것으로 여겨진다.

두만강은 유로 변화가 심하고 흐름이 빨라 퇴적물이 많고 홍수와 범람도 잦다. 따라서 녹둔도가 섬이었던 시절의 두만강 하구의 모습은 알 수 없다. 그러나 최근 녹둔 토성 추정지가 발견됨으로써 녹둔도 위치를 가늠할 수 있게 되었고, 녹둔도와 러시아 사이를 흘렀을 것으로 보이는 두만강의 지류(일명 녹둔강)의 흐름도 찾아냈다.

조선과 러시아의 국경 형성

조선 영토였던 녹둔도가 러시아로 편입된 것은 조선과 러시아가

[지도 1-23] 러시아의 만주 확보

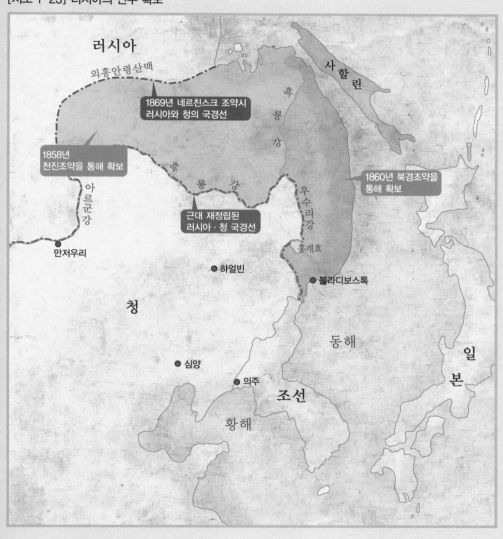

러시아

외흥안령산맥

1869년 네르친스크 조약시
러시아와 청의 국경선

1858년
천진조약을 통해 확보

사 할 린

흑 룡 강

흑 룡 강

아 르 군 강

근대 재정립된
러시아·청 국경선

우 수 리 강

1860년 북경조약을
통해 확보

홍개호

만저우리

하얼빈

블라디보스톡

청

동해

심양

의주

조선

일 본

황해

국경을 접하면서부터였다. 러시아와 조선이 국경을 접하게 된 연원은 러시아의 동진 정책과 남진 정책에 있다. 러시아가 우랄산맥을 넘어 시베리아로 동진하기 시작한 시기는 16세기 후반이었다. 시베리아를 장악한 러시아는 만주로 남하하려 했고, 이를 저지하려는 청과 러시아는 17세기 중반 영토 전쟁을 시작했다.

1652년 청과 러시아의 전투에서는 청이 대패했다. 1654년 청과 러시아는 재차 전쟁을 하게 되었는데, 이때 조선은 청의 요청으로 조총수 100명 등 150명을 파견하여 송화강과 흑룡강의 합류 지점 부근에서 러시아군과 전투를 벌여 대승을 거두었다. 1658년에도 청의 요청으로 조선은 조총수 200명 등 260여 명을 파견하여 흑룡강 입구에서 러시아군과 전투하여 대승을 거두었다. 나선羅禪 정벌이라 불리는 두 전투는 조선과 러시아가 접촉한 최초의 사건이었다.

청과 러시아는 1689년에 네르친스크 조약을 체결했다. 네르친스크 조약에 의해 양국의 국경은 외흥안령, 골비츠아강, 아르군강을 잇는 선이 되었다. 당시 군사력에서 러시아를 압도한 청은 만주의 전지역을 장악하고 러시아의 남진을 시베리아에 한정시킬 수 있었다.

조선은 청과 러시아 사이에 체결된 네르친스크 조약을 알고 있었지만, 러시아의 존재를 크게 실감하지는 못했다. 조선과 러시아가 서로를 실질적으로 감지할 수 있었던 것은 그로부터 130여 년이 흐른 후였다. 1827년 청에 파견된 조선 사절단의 일원이었던 홍석모는 북경 주재 러시아관을 방문하여 러시아인과 필담을 나누게 되었다. 당시 러시아인은 "우리 나라의 동쪽 국경은 조선과 그리 멀지 않으며 2~3천여 리 밖에 안 되어 해로로 오면 우리 나라에 닿을 수 있다"고 했다. 조선과 러시아의 국경은 점차 가까워지고 있었고, 30여 년 후

실제로 맞닿게 되었다.

청이 서구 열강의 압박에 놓이자 러시아의 만주 진출은 활발해졌다. 러시아는 전쟁이 아닌 조약만으로 네르친스크 조약에서의 외흥안령, 골비츠아강, 아르군강 선에서 남진하여 흑룡강 이북에서 우수리강 이동 지역을 확보할 수 있었다. 1858년 천진 조약을 통해 외흥안령, 흑룡강 사이의 60만 평방킬로미터를 할양받고, 1860년 북경 조약을 통해서는 우수리강 동쪽의 40만 평방킬로미터를, 1864년에는 새로 44만 평방킬로미터를 할양받았다. 러시아가 청으로부터 할양받은 토지는 도합 144만 평방킬로미터이며 한반도의 약 6.5배가 된다.

특히 1860년 북경 조약에서 우수리강 동쪽의 연해주 지방이 러시아에 할양된 것은 조선과 러시아의 국경이 처음으로 맞닿는 계기가 되었다. 청과 러시아의 동쪽 국경은 우수리강을 경계로 했는데, 우수리강이 흥개호를 거쳐 용현 일대에서 두만강과 합류했기 때문에 용현에서부터 두만강 하구까지 조선과 러시아의 국경이 형성되었던 것이다.

녹둔도의 러시아 귀속

조선과 러시아의 국경선이 형성되면서 연해주 방면으로 연륙된 녹둔도는 러시아 영토로 편입되었다. 러시아는 북경 조약에서 녹둔도를 자국 영토로 명문화했다. 조선은 북경 조약을 알지 못했기 때문에 러시아와 국경이 생겼다는 사실을 알지 못했고, 녹둔도가 러시아 영토로 편입된 것도 알지 못했다.

북경 조약을 맺은 후에도 청과 러시아 사이에 국경 분쟁은 계속 불거지고 있었다. 우수리강에서 두만강까지 지대는 산천, 계곡, 습지,

[지도 1-24] 녹둔도 추정 지역

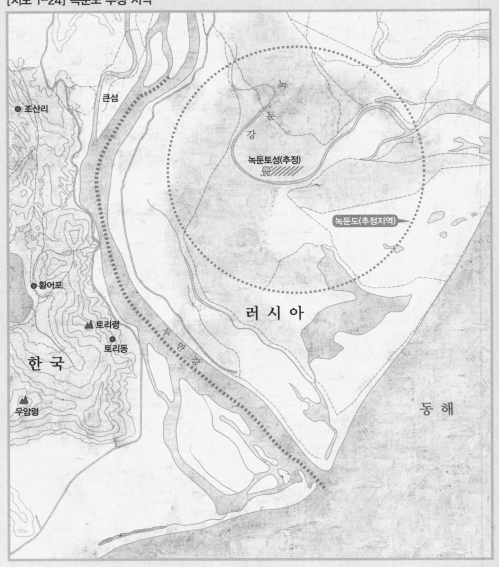

원시림이 연이어져 있어서 경계가 모호했다. 모호한 경계를 분명하게 하기 위해 청과 러시아는 우수리강 어구로부터 두만강 어구에 이르는 지역에 국경비를 설치하기로 했다. 이 국경비 설치 작업을 목격한 경흥부 관리 김대홍이 1861년 정부에 보고하면서 조선은 러시아와 국경을 맞닿게 된 것을 처음으로 알게 된 것이다.

조선 정부는 20여 년 동안 별다른 대응을 하지 않았다. 녹둔도가 연륙되었는지조차도 분명하게 파악하지 못했다. 조선과 국경을 접하게 된 러시아는 1882년 청을 통해 조선에 통상과 국경 문제를 논의하자고 제의했다. 그러나 조선은 청과 간도 분쟁에 골몰하고 있었던 터였기 때문에 러시아의 제안을 받아들일 여력이 없었다.

그러나 간도와 녹둔도는 별개의 문제가 아니었다. 간도 거주 조선인이 많았던 만큼 녹둔도 거주 조선인도 많았고, 두 지역 모두 두만강 대안 지역으로 조선은 이 지역에 대한 역사적 연고권을 가지고 있었다. 녹둔도 문제를 재인식한 조선 정부는 1884년 어윤중을 녹둔도에 파견했고, 어윤중은 녹둔도를 조사한 후 고종에게 보고했다.

녹둔도는 본래 우리 나라 땅으로 신이 조산에 도착하여 지형을 살펴보니 섬 동쪽에 모래가 쌓여 저쪽 땅과 연접되어 있고 섬에 살고 있는 사람들은 모두 우리 나라 사람들이고 다른 사람들은 하나도 없었습니다.

녹둔도는 조선인만 거주하던 조선의 영토였던 것이다. 조선 정부는 녹둔도에 대한 주권을 회복하기 위해 1886년 청과 러시아의 훈춘 국경 회담에 녹둔도 문제를 상정할 것을 요청했다. 조선, 청, 러시아 3국의 공동 감계안을 제의하고 국경 재조사를 요구했던 것이다. 그러나 부동항을 얻으려는 러시아와 간도 문제로 조선과 팽팽하게 맞서고 있던 청은 조선의 요구를 묵살했다. 대한 제국을 선포한 후 정부는 러시아에 녹둔도 반환을 요청했으나 곧 국권을 상실함으로써 녹둔도 귀속 문제는 미결로 남게 되었다.

일제 강점기 동안 녹둔도는 나라 잃은 조선인들의 근거지였다. 1921년 옛 녹둔도인 녹동에는 조선인 마을이 40가구 형성되어 있었다. 농업과 상업을 영위하면서 생계를 이어가고 있었던 조선인들은 1930년대 녹둔도를 포함하여 연해주에 7만여 명이 거주하고 있었다.

현재 한국과 러시아의 국경은 함경북도 경흥군 노서면 용현 대안 對岸의 와상봉 서북 산등성이의 土(T)자 석비로부터 두만강 하구까지이다. 직선 거리로는 14.4킬로미터, 강의 길이로는 16킬로미터이다. 그러나 이 국경은 한국의 의사와는 무관하게 일방적으로 만들어졌으므로 새로운 협약이 요청되고 있다.*

더욱이 두만강 일대의 한국, 러시아 국경은 자연적, 인위적 불합리성 때문에 많은 문제를 야기하고 있다. 1934년 일본은 소련과 두만강 하류 국경 지대에 비무장 지대 설치를 희망한 바 있었고, 1936년에는 일본과 소련 사이에 분쟁 방지 위원회가 설치되기도 했다. 1938년에는 두만강 하류의 장고봉 일대에서 일본, 소련 사이에 전투가 벌어지기도 했다. 해방 후에도 북한과 소련 사이에 국경 분쟁이 있었고, 1984년 북한과 소련이 회담을 열어 국경에 대한 가조인을 했을 만큼 두만강 하류의 경계는 문제가 많았다.

* **한국, 중국, 러시아의 국경 도시, 훈춘** | 우수리강으로부터 두만강에 이르는 지역에 8개의 국경비가 설치되었는데, 이 중 맨 마지막 비인 '토土'자 비가 있는 지점은 북한, 중국, 러시아 3국의 접경 도시인 훈춘이다. 훈춘시 방천은 '닭 울음 소리 3국에 들리고 개 짖는 소리 국경을 깨우며'라고 읊을 수 있을 만큼 세 나라의 영토를 한눈에 볼 수 있는 접경지이다.

3. 독도 분쟁, 동해 분쟁

한국은 삼면이 바다로 둘러싸인 한반도의 특성상 섬과 바다를 둘러싼 영토 분쟁을 안고 있다. 그 분쟁의 주 대상국은 일본이다. 현재 일본과 한국 사이에는 독도 영유권을 둘러싼 분쟁, 동해 · 일본해의 이름 분쟁이 표현 그대로 전방위에서 전개되고 있다. 독도 분쟁과 동해 분쟁도 간도 분쟁이나 녹둔도 분쟁과 마찬가지로 근대 제국주의 영토 쟁탈전의 산물이다.

독도 분쟁과 동해 분쟁의 직접적인 원인은 러 · 일 전쟁에 있다. 러 · 일 전쟁은 당시 한반도의 운명을 결정한 전쟁으로, 이 전쟁에서 승리함으로써 일본의 한반도 강점은 기정사실화되었다. 러 · 일 전쟁 중 일본은 군사적 거점을 확보하기 위해 독도를 자국 영토로 편입했다. 또한 러 · 일 전쟁 중 동해에서 벌어진 러시아와의 해전을 '일본해 해전'으로 부르더니 국제기구를 통해 '일본해'를 공식화시켰다.

독도 분쟁의 발단은 근대 러 · 일 전쟁에서 비롯되었지만, 그 역사적 연원은 조선 시대 울릉도 분쟁에 이른다. 17세기 후반 일본은 대마도주를 중심으로 울릉도를 자국 영토로 편입하려 시도했다가 조선 영토로 인정한 바 있었다. 울릉도를 두고 당시 양국이 합의한 사안에는 독도의 조선 영유권도 포함되어 있었고, 이는 현재 독도 영유권 논쟁에서 주요 근거로 작용하고 있다.

특히 주목해야 할 것은, 영토 수호는 국가 차원에서만 아니라 민간 차원에서도 이루어졌다는 것이다. 일본의 울릉도 침탈 기도에 정부가 별반 주

울릉도와 독도가 조선 영토임을 표시한 일본 지도

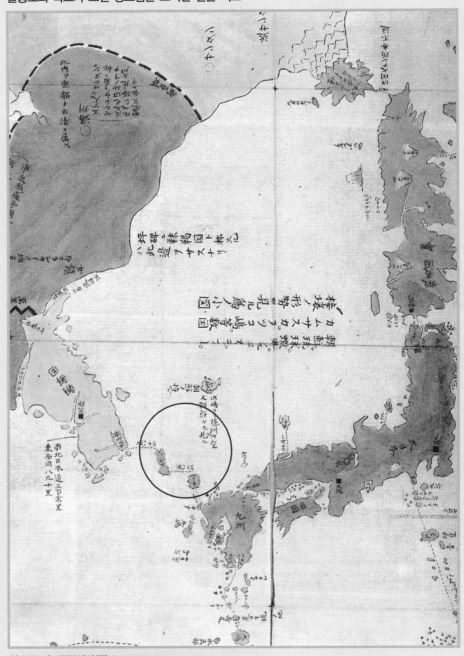

林子平, 〈三國接壤地圖〉(「三國通覽圖說」, 1785)

의를 기울이지 않고 있을 때, 민간인 안용복은 일본으로 건너가 직접 담판을 벌여 영유권을 재확인하는 공식 문서를 받아냈다. 6·25 전쟁 중 일본이 독도에 무단 침입했을 때도 울릉도 주민들은 자발적으로 독도 수비대를 결성하여 독도를 지켰다. 또한 국제 사회에서 동해가 '일본해'로 통용되는 현상에 이의를 제기하고 이를 시정하기 위한 활동을 다각적으로 펼치고 있는 것도 민간 단체이다.

독도 분쟁과 동해 분쟁은 영해領海 분쟁의 일종이다. 현재 전 세계 곳곳에서 영해 분쟁이 치열하게 벌어지고 있다. 바다는 자원이자 국력이고, 특히 동해는 해양 자원의 보고로 그 가치가 매우 높다. 일본이 독도 분쟁과 동해 이름 분쟁을 통해 의도적으로 분란을 조장하고 있는 것은, 동해의 해양 자원을 확보하기 위한 경제적 목적도 내포되어 있는 것이다.

1 울릉도 분쟁

울릉도 공도 정책

울릉도와 독도는 동해 한가운데 위치한 섬이다. 천혜의 어장으로 한국과 일본의 어부들이 고기잡이를 하던 곳이다. 이 때문에 한국과 일본의 어부들이 자주 충돌하는 지역이기도 했다. 현대에 독도 영유권 논쟁이 생기면서 일본은 일방적으로 울릉도와 독도 사이에 자국의 국경을 설정하여 울릉도와 독도를 분리시켰으나, 실제 전통 시대에 독도는 울릉도의 부속 도서로 인식되었을 뿐이다. 따라서 조선 시

[지도 1-25] 『신증동국여지승람』의 울릉도와 독도

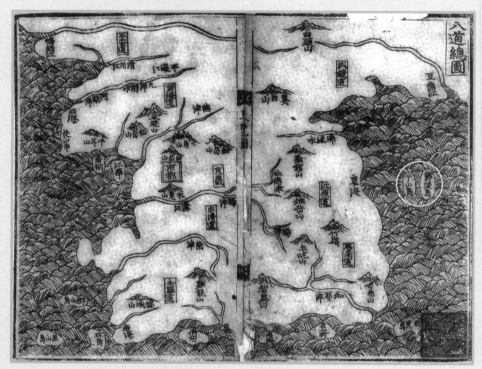

〈팔도총도〉, 1531년, 이찬 소장.
울릉도와 독도(우산도)의 위치가 바뀌었다.

대에 동해 가운데의 섬을 두고 발생한 분쟁은 엄밀하게 '울릉도 분쟁'이라 할 수 있다.

울릉도가 한국 영토로 편입된 것은 삼국 시대이다. 512년에 우산국이 신라에 복속된 이래 울릉도는 줄곧 한국의 영토였다. 고려 말기 왜구가 발호하여 해안 지방에 대한 노략질이 심했을 때 울릉도도 여러 차례 노략질을 당했다. 조선이 건국된 후 왜구 소탕에 골몰하던 태종은 1417년 울릉도 거주민을 본토로 이주시키고 울릉도를 비우는 공도空島 정책을 실시하기로 했다.

울릉도에 주민을 거주시킬 것인지 철수시킬 것인지에 대해서는 찬반론이 분분했다. 왜구가 울릉도에 침략해서 점거하는 경우가 생기면 안 되니 현을 설치하여 백성을 이주시켜야 한다는 주장이 있었지만, 먼 변방에 현을 설치하여 관리하는 것은 현실적으로 어렵다 하여 울릉도를 비우기로 결정했던 것이다.

당시 지리 지식의 미비로 인해 울릉도와 독도가 별개의 섬인지, 울릉도와 독도의 위치가 정확히 어디인지 불분명했다. 공도 정책을 획정하는 과정에서 울릉도 옆에 작은 섬이 있다는 사실이 밝혀졌고 울릉도 거주민의 증언에 의해 우산도로 명명되었다. 이후 『세종 실록』〈지리지〉에는 울릉도와 독도가 강원도 울진현에 소속되고 과거 우산국 영토였다는 사실이 명기되었다.

또한 조선 왕조의 자국 영토에 대한 유권 해석이라 할 수 있는 『동국여지승람』(1481)과 『신증동국여지승람』(1531)이 편찬, 간행되었는데, 『신증동국여지승람』에는 부속 지도를 제작해 붙이면서, 울릉도와 독도를 두 섬으로 해서 동해 가운데에 그렸다. 그러나 독도를 울릉도 안쪽에 그려 넣음으로써 그 위치가 정확하지 못했다. 울릉도와 독도의 위치가 정확해진 것은 17세기 정상기의 『동국지도』 이후의 일이다. 이후 조선의 고지도에서는 울릉도의 오른쪽에 독도를 그려 넣고 우산도라 명기했다.

일본의 울릉도 침탈 기도

조선 정부의 기본 입장은 울릉도를 공도화시키는 것이었으나 울릉도 연안은 풍요로운 어장이었기 때문에 조선 어부들은 물론 일본의 어부들도 울릉도에서 고기잡이를 하는 일이 많았다. 그러다 보니 조선 어부와 일본 어부는 울릉도에서 고기잡이를 하다가 때때로 충돌하곤 했다. 당시 일본에서는 울릉도를 죽도竹島, 독도를 송도松島라 불렀다.

1693년 울릉도에서 조선 어부 40여 명과 일본 어부들이 충돌했다. 일본 어부들은 조선 어부들에게 평화적으로 의논할 일이 있으니 대표를 보내라고 하고, 대표로 선출된 안용복과 박어둔을 은기도隱岐島(오키시마)로 납치해 갔다. 안용복은 은기도주에게 울릉도가 조선 영토임이 분명하고 조선 사람이 조선 땅에 들어갔을 뿐인데 왜 자신을 잡아왔는가를 항의했다. 은기도주는 안용복을 백기주伯耆州(시마네현)로 이송했다. 안용복은 백기주 태수의 심문을 받을 때도 울릉도가 조선의 영토임을 강조하면서 울릉도에 일본 어부들의 왕래를 금지시킬 것을 요구했다.

백기주 태수는 안용복을 덕천 막부에 이송했고, 덕천 막부는 울릉도가 조선 영토임을 확인하는 문서를 써주고 안용복을 조선에 송환하도록 했다. 그러나 안용복 일행이 대마도에 이르자 대마도주는 막부에서 써준 문서를 빼앗고 안용복 일행을 일본 영토인 울릉도에 침범한 죄인이라고 구속해 버렸다.

덕천 막부의 지침과는 달리 조선과 인접해 있던 장기도長埼島(나가 사키)와 대마도는 울릉도를 일본 영토로 편입하고자 했다. 특히 대마 도주 종의윤은 울릉도를 대마도의 부속 도서로 만들고자 했는데, 조 선의 공도 정책을 울릉도 침탈의 빌미로 이용하고 있었다.

대마도주는 안용복을 조선 동래부에 인계하고 조선에 서찰을 보냈 다. 대마도주는 이 서찰에서 "동해에 울릉도가 아니면서 울릉도와 비 슷한 별개의 일본 영토인 죽도가 있다. 이 섬에 조선 어부들의 출어 를 금지시켜 줄 것"을 요구했다. 울릉도와 죽도는 같은 섬인데도 불 구하고 대마도주는 조선 정부가 잘 알지 못할 것으로 판단하여 죽도 에 조선인 출입을 금해 달라고 요청했던 것이다.

조선 정부는 대마도주의 요청을 접하고 울릉도는 조선의 영토이고 죽도는 일본의 영토이니 죽도에 조선 어부의 왕래를 금한다는 답신 을 보냈다. 당시 조선 정부는 조·일 전쟁에 놀란 경험을 새겨 일본 과 정면충돌을 피하기 위해 온건하게 대응하고자 했다. 조선 조정의 답신을 기다리고 있던 대마도주는 그 답신에서 죽도만 남겨두고 울 릉도는 빼달라고 요구했다. 울릉도가 빠지면 죽도라는 이름으로 울 릉도가 일본 영토가 될 수 있다고 여겼기 때문이다.

조선 정부 안에서는 울릉도 문제에 대한 온건한 대응을 두고 비판 과 규탄이 거세게 일어났다. 울릉도와 죽도는 하나의 섬에 대한 두 이름인데, 일본이 울릉도라는 이름을 감추고 죽도만 말하라고 하는 것은 후일 이 문서를 증거삼아 울릉도를 점거하려는 계책이니 지난 번 회답문을 작성한 관료를 처벌하고 그 문서를 되돌려 받아야 한다 고 했다. 또한 안용복을 심문한 덕천 막부가 울릉도가 조선 영토임을 인정했는데도 불구하고 대마도주와 장기도주가 울릉도를 침탈하고자 하는 것은 있을 수 없는 일이라고 비판했다.

이듬해인 1694년, 조선 정부는 앞서의 회답문을 취소하고 새로 수정한 회답서를 보냈다. 울릉도는 죽도이므로 울릉도=죽도는 조선 영토임을 밝히고 안용복 등을 일본으로 잡아간 것은 큰 실책이며 다시는 일본인들이 울릉도에 왕래하지 말게 하라는 강경한 논지였다. 그러나 대마도주는 불복했고, 울릉도 세 글자를 회답서에서 빼달라고 계속 요구하였다. 조선 정부는 통신사 파견시 막부와 직접 교섭하겠다고 대응했고, 대마도주는 울릉도 건을 막부에 보고했다.

1696년 신년 초에 열린 덕천 막부 회의에서 울릉도 문제가 논의되었고, 막부에서는 울릉도를 조선 영토로 인정했다. 이때 막부가 대마도주에게 지시한 사항은, 울릉도는 백기주로부터는 160여 리로 멀지만 조선으로부터는 40여 리로 가까우니 조선 영토로 인정하고 일본인의 울릉도 왕래를 금지하라는 것이었다. 막부는 이러한 내용을 조선 정부에 공식적으로 통보하라고 했지만, 대마도주는 공식 문서를 보내는 것을 지체하고 있었다.

안용복의 울릉도 지키기

막부의 결정이 있었음에도 불구하고 대마도주의 공식 문서 발송이 지체되자 안용복은 대마도주가 여전히 울릉도를 탈취하려고 시간을 끌고 있다고 판단하고 직접 담판을 짓고자 했다. 1696년 봄, 안용복은 16명의 어부를 모아 울릉도로 갔다. 울릉도에는 일본 어선들이 정박해 있었는데 일본 어부들은 송도(독도)에 고기잡이를 나왔다가 정박하게 되었다고 했다. 안용복은 "송도는 곧 우산도이고 역시 우리나라 땅이다"라면서 쫓아냈고, 이튿날 새벽 독도에 가보니 일본 어부들이 가마솥을 걸고 물고기를 조리고 있자 안용복은 막대기로 부수고 내쫓았다.

안용복 일행은 일본 어선을 쫓아 은기도로 들어갔다. 안용복은 조선 영토인 울릉도에 여전히 일본 어선들이 드나들고 있다고 은기도주에게 항의했지만, 은기도주는 묵묵부답이었다. 안용복은 다시 백기주로 가서 태수와 담판을 지었다. 자신을 조선의 울릉우산 양도 감세장鬱陵于山兩島監稅將이라 가칭하고, "전날 두 섬의 일로 문서를 받아내었음이 명백할 뿐 아니라 대마도주는 문서를 탈취하고 중간에 위조하여 여러 번 외교관을 보내서 불법으로 횡침하니 내가 장차 막부 장군에게 상소하여 죄상을 낱낱이 진술하겠다"고 따졌다. 백기주 태주는 안용복에게 다음과 같이 약속했다.

　　울릉도와 독도는 이미 당신네 나라에 속한 이상 만일 다시 국경을 넘어 침범하는 자가 있거나 대마도주가 혹시 횡침하는 일이 있으면 국서를 작성하고 역관을 정하여 들여보내면 마땅히 무겁게 처벌할 것이다.

안용복의 활동은 큰 성과를 거두었다. 대마도주는 그간 미루고 있던 공식 문서를 조선 정부에 보냈고, 1699년 양국간 최종 외교 문서의 교환이 끝남으로써 울릉도와 독도를 조선 영토로 확인하는 절차가 완료되었다. 이로써 7년을 넘게 끌어오던 울릉도 분쟁, 즉 울릉도를 일본 영토로 만들려던 대마도주의 시도는 실패하고 울릉도는 조선 영토임이 확인되었다.

이후 덕천 막부 시대의 일본 문헌들과 고지도들도 울릉도와 독도를 조선 영토로 표기했다. 18세기 일본의 대표적 학자 임자평이 제작한 〈삼국접양지도〉는 나라별로 채색을 하면서 조선을 황색으로 일본을 녹색으로 했는데, 울릉도와 독도를 모두 황색으로 표시했다. 〈총회도〉에서도 나라별로 채색을 하면서 조선은 황색으로 일본은 적색으로 했는데, 울릉도와 독도를 모두 황색으로 칠했다. 울릉도와 독도가 조선 영토라는 것은 메이지 유신 이후에도 일본 스스로가 여러 차례 인정한 바 있는 명백한 사실이었다.

2 독도 영유권 논쟁

우산도에서 독도로

18세기 말엽부터 서양 군함들이 출몰하면서 울릉도와 독도에는 서양식 이름이 붙여지기 시작했다. 1787년 프랑스 해군 대령 페루주가 군함 2척을 끌고 와서 제주도와 울릉도 해안을 측량했는데, 이때 동승한 사관학교 교수 다줄레의 이름을 따서 울릉도에 다줄레 섬Dagelet Island이라는 이름을 붙였다. 그리고 1849년 프랑스의 리앙꾸르호가 독도를 측량한 후, 그 배의 이름을 따서 독도에 리앙꾸르 암 Liancourt Rocks이라는 이름을 붙였다. 이후 서양 지도와 지리서 대부분에는 울릉도는 다줄레 섬, 독도는 리앙꾸르 암으로 표기되었다.

1876년 개항 후 일본인들이 울릉도에 본격적으로 들어와 어로와 벌목을 자행했고 조선인들도 본토로부터 울릉도에 들어가 거주하기 시작했다. 조선 정부는 1882년 이규원을 파견해 실태 조사를 했다. 당시 조사에 따르면, 울릉도에는 조선인 140명, 일본인 78명이 거주하고 있었다. 조선 정부는 일본 외무성에 일본인의 울릉도 무단 침입 금지와 벌목 금지를 강력하게 요청했다. 이듬해에는 김옥균을 동남 제도 개척사 겸 관포경사東南諸島開拓使兼管捕鯨事에 임명하여 종래의 공도 정책을 포기하고 울릉도 개척을 시작했다. 이후 조선 정부는 울릉도에 관리를 두고 본토인의 울릉도 이주를 적극 권장했다.

1897년 대한 제국 성립 후 일본인들의 울릉도 불법 침입과 삼림

벌채가 심각한 문제로 대두했다. 대한 제국 정부는 1899년 우용정을 파견하여 일본인의 침입 현황을 조사했다. 우용정의 조사에 따르면, 일본인의 집단 도래와 불법적 삼림 도벌이 심각한데도 울릉도감에게 군대가 없어 막지 못하고 있다고 했다. 대한 제국 정부는 1900년 울 진현에 속해 있던 울릉도를 분리시켜 울릉 전도全島와 죽도, 석도石島 를 하나의 군으로 설치했다. 죽도는 울릉도 바로 옆의 죽서도를 가리 키고 석도는 독도를 가리킨다.

당시 울릉도 주민은 대부분 전라도 출신 어민들이었다. 전라도 방 언에서는 돌을 '독'이라 하고 돌섬은 '독섬'이라고 한다. 독도는 두 개의 바위섬과 그 주위에 흩어져 있는 작은 암초들로 구성되어 있는 전형적인 돌섬이다. 당시 울릉도 주민들이 우산도를 '독섬'이라고 부르고 있음을 보고 받고 대한 제국 정부에서는 의역하여 석도石島로 표기했다. 이를 음역한 표기가 독도이다. 조선 시대에 공도 정책이 실시되고 있는 동안에는 우산도로 불렸지만 공도 정책이 포기된 후 울릉도에 전라도 이주민이 급증하면서 우산도는 독도라 불리게 되어 오늘에 이르렀던 것이다.*

러·일 전쟁과 독도 침탈

일본은 1904년 2월 8일 러·일 전쟁을 일으켰다. 러·일 전쟁 중 에 일본 해군은 동해에서의 러시아 함대 활동을 정찰하기 위해 한국 해안 여러 곳과 울릉도 두 곳에 망루를 설치했다. 이어서 일본 해군

---

* **일본의 죽도竹島 명칭 변화** | 현재 일본은 독도를 다케시마(竹島)라고 하나 조선 시대 동안 울릉도를 죽도라 불렀다. 울릉도에 대나무가 많았기 때문이다. 울릉도를 가리켰던 죽도가 독도를 지칭하게 된 것은 20세기에 이르러서였다. 죽도가 독도로 변하는 과정은 자세히 알 수 없으나, 일본의 독도 침탈 과정과 관련이 있는 것은 분명하다.

은 독도에도 망루를 설치하기 위하여 1904년 9월부터 군함을 파견하여 조사했다.

이 즈음에 시마네현(島根縣)에 거주하는 니카이 요우사부로(中井養三郞)라는 어업가가 대한 제국 정부로부터 독도 인근에서의 어로 독점권을 획득하고자 했다. 니카이는 일본 농상무성이 대한 제국 정부와 이에 대해 교섭해 줄 것을 요청하는 신청서를 냈다. 이 사실은 농상무성 수산국장으로부터 해군성에 통보되었다.

일본 해군성 수로국장은 니카이를 불러 독도는 무주지無住地이므로 대한 제국 정부에 청원서를 낼 것이 아니라 일본 정부에 리앙꼬섬 영토편입병대하원領土編入並貸下願을 제출하도록 했다. 일본 해군성은 러·일 전쟁으로 일본군이 서울에 주둔하고 있는 기회를 이용해 아예 독도를 침탈한 후 해군 망루를 설치하고자 했던 것이다. 니카이는 일본 정부에 청원서를 제출했고, 일본 정부는 1905년 1월 28일 내각 회의에서 청원서를 승인하는 형식을 취했다.

북위 37도 9분 30초 동경 131도 55분 오키시마(隱岐島)로부터 85해리에 있는 무인도는 타국이 점령하고 있다고 인정되는 형적이 없기 때문에 일본 영토에 편입하여 다케시마(竹島)라 명명하고 시마네현(島根縣) 소속 오키도사(隱岐島司)의 소관으로 한다.

이른바 무주지 영토 편입의 논리이다. 일본 내각 회의의 결정은 시마네현에 통고되었으며 시마네현은 이 사실을 1905년 2월 22일 고시하여 독도를 일본 영토로 편입하는 절차를 완료했다.

대한 제국이 일본의 일방적 독도 침탈 사실을 알게 된 것은 그로부터 1년이 지난 1906년 3월 28일이었다. 일본 시마네현 관리 일행이 독도를 시찰하고 돌아가는 중에 울릉도에 들러 울도 군수 심흥택에게 독도가 일본 영토에 편입되었음을 처음으로 알려주었다. 1906년 3월이라는 시기는 1905년 11월 17일 을사 조약 체결로 대한 제국의 외교권이 박탈당한 후였다. 일본은 대한 제국 정부가 독도 침탈에 항의할 수 없게 외교권을 박탈한 후에 말단 지방 관리를 통해 독도의 영토 편입 사실을 일러주었던 것이다.

이튿날 울도 군수 심흥택은 이 사실을 정부에 보고했다. 내부 대신은 일본 주장은 전혀 이치가 없고 아연실색할 일이라고 경악했고, 참정 대신도 독도가 일본 영토라는 사실은 전혀 근거가 없다고 했다. 한말의 대표적 신문인 〈대한 매일 신보〉, 〈황성 신문〉도 일본의 독도 침탈에 항의했다. 그러나 외교권을 박탈당한 대한 제국 정부는 항의 외교 문서를 정식으로 일본 정부에 전달할 수 있는 입장이 아니었다.

일본이 독도를 침탈하는 과정의 불법성은 여러 측면에서 지적될 수 있다. 먼저 독도가 무주지이기 때문에 영토로 편입했다는 주장이다. 독도가 1905년 이전에 한국 영토라는 사실을 증명하는 한국측 자료와 일본측 자료는 매우 많다. 메이지 유신 이후의 일본 정부도 여러 차례 독도가 한국 영토임을 확인한 바 있었고, 러시아의 19세기 자료들도 독도를 한국 영토로 인정하고 있었다.

다음으로 영토 편입의 고시 방법에도 문제가 있다. 영토 편입 절차에서 관련국에 대한 통고는 국제법상의 요건이며 국제 관례이다. 그럼에도 불구하고 일본 정부는 대한 제국 정부에 조회도 통고도 하지 않았다. 그 이유는 독도 침탈 당시 아직 서울에 각국 공사관들이 활동하고 있었고 이 상태에서는 일본의 한국 영토 침탈에 대한 열강의 의심을 우려했기 때문이다.

독도 민간 수비대의 활약과 영유권 논쟁

1945년 8월 15일 일본은 항복했고 그 동안 일본이 지배했던 영토는 당사국으로 되돌려졌다. 한국을 침략하여 빼앗은 영토는 한국에, 청·일 전쟁을 통해 침탈한 영토는 중국에, 러·일 전쟁을 통해 침탈한 영토는 소련에게로 돌아갔다. 제2차 세계 대전이 끝나가던 1943년 연합국은 카이로 선언을 통해 청·일 전쟁 후 일본이 '탐욕과 폭력에 의해' 침탈한 영토는 모두 반환하도록 했기 때문이다.

독도에 대한 반환 규정이 공식적으로 명기되기는 1946년 1월 연합국 최고 사령부의 SCPIN(연합국 최고 사령부 지령) 제677호에서였다. 여기서 울릉도, 독도, 제주도는 일본 영토에서 제외되었고, 독도는 당시 미군정으로 이관되었다가 1948년 8월 15일 대한민국 정부가 수립되면서 한국 영토로 회복되었다. 1951년 미국과 일본 사이에 체결된 샌프란시스코 평화 조약에서도 울릉도와 그 부속 도서를 대한민국 영토로 인정한다고 명기했다.

1952년 1월 18일 대한민국 정부는 〈인접 해양의 주권에 관한 대통령 선언〉(일명 평화선 또는 Lee-line)을 발표하여 동쪽 경계를 독도로부터 12해리까지 잡았다. 이에 대해 일본은 "대한민국의 선언은 다케시마로 알려진 섬에 대해 영유권을 갖는 것처럼 보이나, 일본 정부는 대한민국에 의한 그러한 주장을 인정하지 않는다"고 항의해 옴으로써 한국과 일본 사이에 독도 영유권 논쟁이 시작되었다.

양국의 독도 영유권 논쟁이 시작된 때는 6·25 전쟁 중이어서 대한민국 정부는 독도에 채 주의를 기울이지 못하고 있었다.* 이러한 틈을 타서 일본 어부들은 해양 순시선의 보호를 받으면서 독도 근해에서 조업하고 있었다. 일본 해양 순시선은 한국 어부들이 독도 근해

[지도 1-26] 연합국 최고사령부의 독도 포함 지도

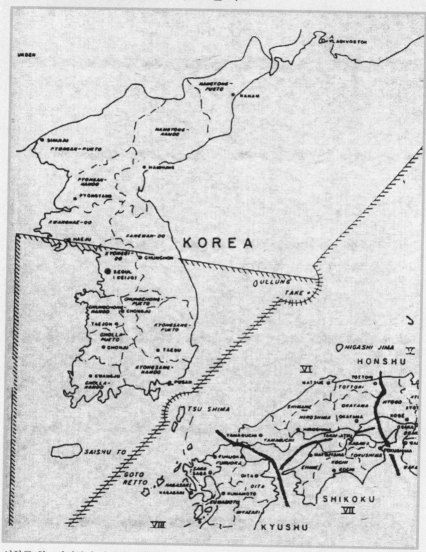

연합국 최고사령부가 작성한 지도로 독도가 한국 영토에 포함되어 있다(SCAPIN 제677호 부속 지도).

에서 조업하는 것을 방해했다. 특히 1953년 6월 하순에서 7월 초에 걸쳐서는 일본은 독도 근해에서 매우 도발적인 실력 행사를 했다. 더욱이 1954년에는 헤이그 국제 사법 재판소에 한국이 일본 영토인 독도를 불법 점령하고 있으니 분쟁을 해결해 달라고 제소하기도 했다.

독도에 대한 일본의 공세가 가중되자 울릉도 어민들이 1953년 독도 수비대를 결성했다. 3대째 울릉도에 거주하던 홍순칠이 전답을 팔아 총과 박격포 등 무기를 구입하고 전투 경험이 있는 상이 군인과 울릉도 청년 44명이 합류했다. 독도 수비대는 6월 28일부터 다음달 1일까지 독도에 무단 상륙한 일본인을 몰아냈고, 8월에는 '일본령'이라 쓰인 표지를 철거하고 '한국령'을 새겼다.

독도 수비대는 1954년 8월 일본 해양 순시선과 총격전을 벌였고 11월에는 일본 군함 3척과 항공기 1대를 격퇴시켜 독도 주권을 수호했다. 3년 남짓 활동하던 독도 수비대는 1956년 4월 독도 방위 임무를 경찰에 인계하고 12월에 해산했다. 조선 시대 안용복이 민간인으로 울릉도와 독도를 지켜냈듯이, 민간인들로 구성된 수비대가 독도를 지켰던 것이다.

이후 양국의 독도 영유권 분쟁은 두 방향으로 전개되었다. 하나는 국가 사이에 외교 문서 교환과 성명을 통해 독도 영유권에 대한 피차의 주장을 공방하는 방식이었고, 하나는 일본 해안 보안청 순시선이 해마다 독도에 파견되어 한국 정부가 설치한 시설을 탐문하고 한국

✽ 일본의 독도 조난 어민 위령비 파괴 | 맥아더 사령부는 독도를 미국 공군의 폭격 연습 목표물로 지정했다. 1948년 6월 독도에 출어한 어민 30명이 미국 공군의 폭격 연습으로 희생되었다. 1951년 6월 독도 어민 조난 위령비가 세워졌는데, 1952년 일본인들이 독도에 상륙하여 위령비를 파괴하고 '시마네현 오키무라 다케시마'라는 푯말을 세운 일이 있었다. 6·25 전쟁으로 한국이 정신없는 틈을 타서 위령비를 파괴하는 만행을 저질렀던 것이다.

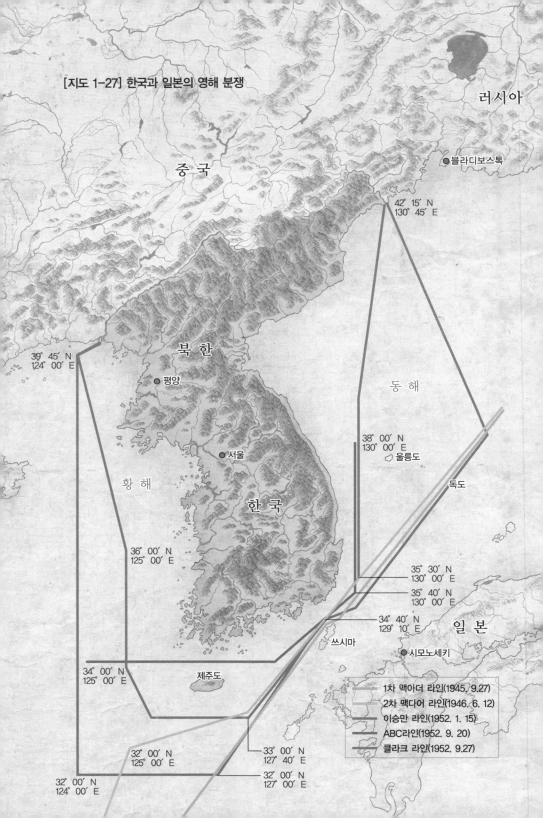

[지도 1-27] 한국과 일본의 영해 분쟁

러시아

중국

●블라디보스톡

42° 15′ N
130° 45′ E

39° 45′ N
124° 00′ E

북한

●평양

동해

황해

서울●

38° 00′ N
130° 00′ E
◁ 울릉도

독도

한국

36° 00′ N
125° 00′ E

35° 30′ N
130° 00′ E

35° 40′ N
130° 00′ E

34° 40′ N
129° 10′ E

일본

쓰시마

●시모노세키

34° 00′ N
125° 00′ E

제주도

1차 맥아더 라인(1945. 9. 27)
2차 맥다어 라인(1946. 6. 12)
이승만 라인(1952. 1. 15)
ABC라인(1952. 9. 20)
클라크 라인(1952. 9. 27)

32° 00′ N
125° 00′ E

33° 00′ N
127° 40′ E

32° 00′ N
124° 00′ E

32° 00′ N
127° 00′ E

정부에 항의하는 방식이었다.

독도에 '한국령'이 새겨진 사진

일본의 독도 영유권 주장은 일관성이 없다. 독도가 처음부터 일본의 고유 영토였다는 주장을 펴기도 하고, 한국 영토로 반환한 지역은 1910년 한일 합방으로 침탈한 영토에 국한되어 1905년 일본 영토로 편입된 독도는 해당되지 않는다는 주장을 펴기도 한다. 그러나 독도가 원래부터 한국 영토였음은 조선과의 울릉도 분쟁에서 일본 스스로 인정한 사실이었다. 또한 독도가 1910년 이전에 편입되어 일본 영토라는 주장도 카이로 선언에 의해 일본이 1894년 청·일 전쟁, 1905년 러·일 전쟁에서 획득한 영토를 1945년 패전 후 중국과 러시아에 반환했기 때문에 억지로밖에 볼 수 없다.

배타적 경제 수역과 한일 어업 협정

러·일 전쟁 중에 일본이 독도를 침탈한 것은 러시아와의 전쟁에서 군사 거점을 확보하기 위해서였다. 해방 후에 제기된 일본의 독도 영유권 주장의 근저에는 군사적 목적만이 아닌 경제적 목적도 있다. 천혜의 어장인 동해의 해양 자원에 대한 권리를 누가 가지는가의 문제가 내재되어 있는 것이다.

독도의용수비대

　전통 시대와는 달리 현대는 국가
가 바다에 배타적인 권리를 행사할
수 있는 영해라는 개념이 적용된다.
영해는 국가의 연안선을 기점으로
200해리까지를 포함하는 범위로, 이
는 배타적 경제 수역(EEZ)으로 나타
나고 있다. 한국과 일본 사이의 동해는 400해리에 못 미치기 때문에
겹치고 있다. 양국의 바다가 겹치는 경우, 양국의 합의 하에 중간 수
역을 두어 양국 어부가 함께 조업할 수 있는 절충 지대로 삼았다.

　1999년 1월 한일 어업 협정이 체결되었다. 배타적 경제 수역을 설
정할 수 있도록 한 유엔 해양법 협약이 1994년 발효되었고, 1998년
일본이 일방적으로 기존의 한일 어업 협정(1965)을 파기하면서 양국
간에는 새 어업 협정이 필요했다. 당시 양국의 최대 쟁점은 동해에서

양국의 배타적 경제 수역의 기점을 어디로 할 것인가였다. 독도를 배타적 경제 수역의 기점으로 할 것이냐 여부가 쟁점 사안이었던 것이다. 협상은 난항을 거듭했고, 모두 15차례에 걸친 회의 끝에 체결되었다.

독도 기점시 일본 근해까지 한국의 배타적 경제 수역에 포함되었고, 이로 인해 일본은 독도 기점을 거부하고 자신들에게 유리한 배타적 경제 수역을 줄기차게 요구했다. 양국 정부는 각국 해안선에서 200해리를 그어 겹치게 되는 부분을 중간 수역으로 설정하는 데 동의했다. 이 과정에서 한국 정부는 배타적 경제 수역의 기점을 독도가 아닌 울릉도로 양보했다. 대신 독도를 중간 수역에 두되 독도와 독도 12해리 영해는 한일 어업 협정의 대상 수역이 아님을 명시했다. 당시 한국 정부는 한일 어업 협정과 독도 영유권 문제를 분리해서 처리하려는 입장이었다.

한일 어업 협정 체결 당시부터 지금까지 문제가 되는 것은 왜 독도를 양국의 중간 수역에 위치시켰는가 여부이다. 배타적 경제 수역의 기점을 독도에서 잡지 않고 울릉도에서 잡았다는 것이 문제인 것이다. 독도 기점을 포기함으로써 독도 주권을 약화시키고 일본이 독도와 독도 주변을 자국 영토와 영해라 주장할 수 있는 빌미를 준 셈이 되었기 때문이다.

2000년대에 들어서면서 일본의 독도 영유권 주장은 더욱 강화되었다. 일본내에서 우경화, 패권주의 경향이 고조되면서 독도 영유권 주장도 거세졌다. 급기야 2005년 3월 16일 시마네현이 독도 편입 100주년을 기념한다 하여 '다케시마의 날'을 제정하기에 이르렀다. 한국에서는 독도 수호에 대한 여론이 비등해졌다. 여론은 정부에 한

[지도 1-28] 1999년에 발효한 한·일 어업 협정 수역도

러시아

중국

블라디보스톡

북한

평양

동해

한·일 중간수역

서울

울릉도

서해

독도

한국

한·일 중간수역

일본

쓰시마

시모노세키

한일중간수역

제주도

한·일 중간수역

일 어업 협정을 파기하고 다시 체결할 것을 요구했지만, 정부의 입장은 한일 어업 협정을 그대로 고수한다는 것이었다.

한국 정부는 한일 어업 협정 이후 한국측이 일본측 배타적 경제 수역에서 올린 어획량이 월등히 많고, 독도 주변 12해리 영해는 우리 경찰이 지키고 있어 침범 어선을 나포할 수 있으며, 한일 어업 협정과 독도 영유권은 관련 없다는 입장이다. 그간 한국 정부는 일본이 독도를 영토 분쟁지화하는 것을 막기 위해 비교적 소극적인 태도를 취해 왔으나 '다케시마의 날' 제정을 계기로 적극적으로 독도 문제에 대응하고 있다.

③ 동해와 일본해 이름 분쟁

바다 이름으로서 일본해가 갖는 문제점

우리는 러 · 일 전쟁 중에 독도를 침탈당했지만, 러 · 일 전쟁 중에 또 하나 침탈당한 것이 동해라는 이름이다. 현재 우리는 동해를 통용하고 있지만 지난 1세기 동안 세계 각국의 지도에서 동해는 일본해로 표기되어 왔다.

2002년 일본 외무성이 제작한 영문 홍보 팜플렛에 의하면, 세계에서 사용되는 지도 100개 중에 97개는 한국과 일본 사이의 바다를 일본해로 표기하고 있다. 외국 인터넷사이트를 상대로 동해 표기 캠페인을 벌이는 한국의 민간 외교 사절단 반크(VANK, Voluntary Agency Network of Korea)*에 의하면, 동해와 일본해를 병기하는 사례는 2000년에 이르러서야 처음 나타나고 있다. 한국인들이 2000여 년 동안 의심 없이 사용해 온 동해라는 이름이 국제 사회에서 공식적으로 존재하지 않는 것이다.

동해가 일본해라는 일국의 국명으로 지칭되어서는 안 되는 이유는 여러 나라로 둘러싸인 바다이기 때문이다. 동해는 한국, 북한, 러시아, 일본 등으로 둘러싸인 바다이다. 해양학적으로 북서 태평양의 부속해이며 국제 연합 해양법 협약에 의거한 폐쇄해로서, 전체 바다가 연안 4국의 관할권으로 분할되어 공해가 없는 바다이다. 이처럼 연안국으로 둘러싸인 바다는 일국의 국명으로 이름을 정하지 않는 것이 국제 관례이다.

21세기에 들어와서 여러 국가로 둘러싸인 바다가 일국의 국명으로 표기되는 경우가 없는데도, 동해만이 유일하게 일본해로 표기되고 있다. 북해(North Sea)는 프랑스, 독일, 영국, 덴마크로 둘러싸인 바다이다. 각기 독일해, 영국해, 덴마크해 등으로 불리다가 문제의 바다가 유럽 대륙의 북쪽에 있다는 점에 착안해 북해라는 이름으로 단일화했다.

동해의 연안국은 여러 나라이지만, 표기 문제에서 관련 당사국은 사실상 한국과 일본 두 나라이다. 러시아는 한일간의 합의를 따르겠

✽ 반크(VANK) | 반크는 인터넷 상에서 한국을 알고 싶어하는 외국인, 한인 동포, 입양아들에게 한국의 모든 것을 알려주는 사이트 관광가이드로 1999년 1월 1일 출발했다. 또한 세계 각국의 한국 관련 정보에서 잘못된 것을 찾아 시정하는 활동을 벌이고 있다. 특히 세계 지도에서 사라진 동해를 되살린 단체로, 국가 외교가 채 미치지 못하고 있는 부분을 민간 외교로 해결하고 있다.

[지도 1-29] 일본 제국 전도의 동해 표기

〈일본 제국 전도〉는 1735년에 그린 서양 지도로, 동해는 '조선해(mer de Corée)'로 표기하고, '일본해(mer du Japon)'는 태평양 쪽에 있다.

다는 입장이고, 북한은 종전에는 '조선 동해'를 주장하다가 2004년 한국과 함께 동해로 단일화하기로 합의했다.

한국은 한국해(Korean sea)를 주장하는 것이 아니라 동해(East sea)를 주장하고 있다. 한국해는 일본해보다 17~18세기에 훨씬 널리 쓰인 이름이지만, 이를 근거로 동해를 한국해로 표기하자고 주장하지는 않는다. 동해는 지리적, 역사적으로 타당한 명칭이다. 지리적 측면에서 보면 유라시아 대륙의 동쪽 바다라는 의미에서 중립적이고 적절할 뿐 아니라 역사적 측면에서도 오랜 연원을 가지고 있어 연안 4개국이 합의하기 용이한 이름이다.

러·일 전쟁과 '일본해 해전'

세계 지리학계는 역사성과 대표성을 지명 결정의 근거로 삼고 있다. 오랫동안 많은 사람들이 불러온 이름에 우선권이 주어지는 것이다. 역사성에서나 대표성에서 동해는 오랜 연원을 가지고 있다.

중국에서는 시대에 따라 동해에 대한 표기가 바뀌었다. 당 이전(10세기 이전)에는 특정한 이름 없이 해海, 대해大海라고 표기했다. 요·송 시대(10~12세기)에는 동해라 했고, 원·명 시대(13~17세기)에는 경해鯨海 또는 동해라 했다. 한국에서는 삼국 시대 이래 동해로 표기했고, 일본에서는 조선해 또는 북해로 표기했다. 러시아에서는 17세기 후반부터 19세기 중엽까지 동해로 표기했다.

서양에서 세계 지도 제작이 활발해진 시기는 17~18세기이다. 이 지도들에서 동해는 다양하게 쓰여 중국해, 동방해, 한국해, 일본해, 북해 등으로 나타났다. 1602년 마테오 리치의 〈곤여만국전도〉에서 일본해가 처음으로 사용되었지만, 17~18세기에 제작된 세계 지도들에는 한국해가 가장 압도적으로 쓰였다.

일본에서는 대체로 동해를 북해라 표기하는 추세였고, 일반 국민들 사이에서도 북해가 통용되고 있었다. 19세기 초 이전에 제작된 일본 지도들은 동해를 조선해로 표기하는 경우가 많았는데, 심지어 1883년 조선과 일본이 체결한 통상 조약에서도 동해는 조선해로 명기되었다.

일본해가 통용된 것은 1905년 러·일 전쟁에서의 해전을 일본해 해전이라고 부른 이래 반복 사용되면서부터였다. 일본은 자국 함대와 러시아의 발틱 함대가 동해에서 벌인 해전을 일본해 해전이라 불렀고, 이후 일본해라는 말이 일본 사람들 사이에 통용되기 시작했던 것이다.

그래도 일본해는 일본 사람들이 자국내에서 쓰고 있던 이름일 뿐이었다. 일본해가 국제 사회에서 통용된 계기는 1919년 6월 런던에서 열린 국제 수로 회의였다. 이 회의는 20세기에 들어서 처음으로 바다 이름을 정리한 국제 회의였다. 영국, 미국, 프랑스, 이탈리아, 아르헨티나, 브라질, 칠레, 중국, 일본, 덴마크, 그리스, 네덜란드, 노르웨이, 페루, 포르투갈, 핀란드, 스페인 등의 18개국과 영국 식민지였던 호주, 인도, 이집트가 참석했다.

이 회의에서 일본은 동해를 일본해로 주장했고, 당사국인 한국은 일본의 식민지로 전락한 터라 참석하지 못했다. 10년 후인 1929년 국제 수로 기구는 『해양과 바다의 경계』 초판을 발간했다. 국가마다 제각기 달리 부르는 해역의 이름을 통일하자는 취지에서였다. 여기서 동해가 일본해로 표기된 후 일본해가 세계적으로 통용되었다. 『해양과 바다의 경계』 2판 역시 일제 치하인 1937년에 나왔고, 3판은

6·25 전쟁이 막바지에 접어들던 1953년에 발간되었다. 한국은 1957년에야 비로소 국제 수로 기구에 가입했다.

동해 이름 찾기

한국은 국제 수로 기구에 가입한 후에도 오랫동안 동해가 일본해로 표기되고 있는 문제점을 간과하고 있었다. 일본과 독도를 둘러싼 논쟁을 계속하고 있으면서도, 정작 그 독도가 위치한 바다 이름이 국제 사회에서 일본해로 통용되는 현황에 대해서는 별다른 문제점을 느끼지 못하고 있었다.

한국이 일본해 표기에 문제 제기를 시작한 것은 1990년대에 이르러서였고, 각종 국제 회의에서 일본해를 동해로 표기할 것을 주장했다. 1991년 한국은 유엔에 가입했고, 이듬해 열린 제6차 유엔 지명 표준화 회의에서 일본해를 동해로 표기할 것을 주장했다. 1995년 제6차 동부 아시아 수로 위원회 정기 총회에서도 동해 표기의 정당성을 주장했다.

1997년 한국 정부는 제15차 국제 수로 기구에 대표를 파견하여 1929년 이래 국제 수로 기구 간행물인 『해양과 바다의 경계』에서 동해가 일본해로만 표기된 것에 유감을 표시했다. 동해가 지리적으로나 역사적으로 고유 명칭이었음을 상기시키면서 양국이 합의할 때까지 동해와 일본해를 병기할 것을 주장했다. 한국의 주장에 따라 미국, 영국, 프랑스 등지에서 동해와 일본해가 병기되는 현상이 일부 나타나기는 했지만, 세계 각국의 지도에는 여전히 일본해 단독 표기가 많은 추세이다.

동해를 국제 사회에서 통용시키기 위해서는 바다 이름의 국제적

규준이 되고 있는 『해양과 바다의 경계』의 개정판이 나와야 했다. 2002년 국제 수로 기구는 『해양과 바다의 경계』 4판을 내기로 했다. 국제 수로 기구 사무국은 관련 당사국들이 단일 명칭에 합의하지 못한 동해 지역의 해도를 아예 삭제하기로 하고 이 방안을 회원국 표결에 부치기로 했다. 일본해 단독 표기에 제동이 걸린 것이다. 그러나 같은 해 9월 한창 진행 중인 표결이 돌연 중지되었다. 언론, 외교관, 정치인들을 총동원한 일본의 파상적인 로비가 먹혀든 것이다.

동해 표기를 둘러싸고 한일간의 공방이 계속되자 유엔과 국제 수로 기구는 관련 당사국의 원만한 합의를 권고했다. 2004년에 제22차 유엔 지명 전문가 회의는 "동해 표기 문제에 대해 양자 및 다자적 해결책 마련을 권고한다"는 문구를 회의 보고서에 삽입했다. 국제 수로 기구의 입장은 동해가 한 이름으로 통용될 때까지는 동해와 일본해를 병기하라는 것이었다. 한국은 동해와 일본해를 병기하자는 입장이고, 일본은 일본해 단독 표기를 고수하는 입장이어서 팽팽하게 대립하고 있다.

일본 정부는 바다 이름에 관한 국제 세미나, 이미 병기를 시작한 지도 제작사, 관련 교육계에 외교관을 급파하여 일본해 단독 표기를 요청하고 있다. 또한 이미 병기된 지도에 수정 압력을 행사하거나, 전문가들을 일본으로 초청하는 등 다양한 방법을 동원하여 일본해 단독 표기를 강행하고 있다. 뿐만 아니라 일본해 단독 표기를 추진하기 위한 예산도 대규모로 확보해 놓고 있기도 하다.

국제 관례에 배치되는데도 일본이 일본해 단독 표기를 강행하고 있는 것은 동해 문제를 영토 차원에서 접근하고 있기 때문이다. 동해 표기 문제는 독도 문제의 연장선에 있는 것이다. '동해에 떠 있는 독도' 가 아닌 '일본해에 떠 있는 다케시마' 라면 일본은 독도 영유권 시비에 유리한 입장을 점할 수 있다. 또한 동해가 일본해로 굳어지면 동해 해양 자원 개발과 관련하여 분쟁이 생길 경우 국제 여론이 일본에 유리하게 흘러갈 수 있다. 동해 이름 분쟁, 독도 영유권 논쟁, 배타적 경제 수역을 둘러싼 한일 어업 협정 분쟁 등 제반 현상은 동해의 풍부한 해양 자원에 대한 치열한 쟁탈전인 것이다.

제2부
한국 영토의 형성 과정

1. 요하 시대

요하는 세 갈래로 이루어진 강이다. 길림성 요원遼源 살합령에서 발원하는 동요하와 내몽골 자치구 개로에서 흘러온 서요하가, 요녕성 창도현 고유수에서 본류를 이루어 발해만으로 흘러든다. 이 요하를 둘러싸고 기원전 8세기부터 기원후 4세기까지 한민족 세력, 중국 세력, 북방 세력이 각축을 벌였다. 한민족의 역사로 보면, 고조선과 고구려가 활약하던 시대이다.

요하 일대는 원래 한민족 세력의 땅도 중국 세력의 땅도 아니었다. 전국시대까지도 중국인들에게 이 일대는 자신들의 영토와 구별되는 지역이었다. 한민족 세력에게도 요하는 세력이 강성할 때 진출이 가능한 곳이었다. 그런데, 한민족 최초의 국가를 이룬 고조선이 세력을 확장하여 요하로 진출하면서 요하 일대는 영토 전쟁의 무대로 등장했다.

기원전 4세기에 고조선은 요하 동쪽을 확보했다. 그러나 중국의 전국시대 칠웅 가운데 하나인 연이 요하로 진출하면서 양대 세력의 다툼이 시작되었다. 고조선은 기원전 4세기 말경 요하 일대를 연에게 빼앗긴 이래 끝내 요하를 회복하지 못하고 멸망했다. 기원후 1세기부터 성장한 고구려는 요하를 확보하기 위한 전쟁을 300여 년 동안 벌여야 했다.

3세기 초 중국 세력이 쇠퇴하고 북방 세력이 강성해지자, 고구려의 경쟁상대는 북방 세력 중에서도 선비족이었다. 고구려는 선비족과 전쟁을 치루면서 수도가 함락당하는 등 국망의 위기를 여러 차례 겪었다. 그러나 4

요하 시대의 주요 수계

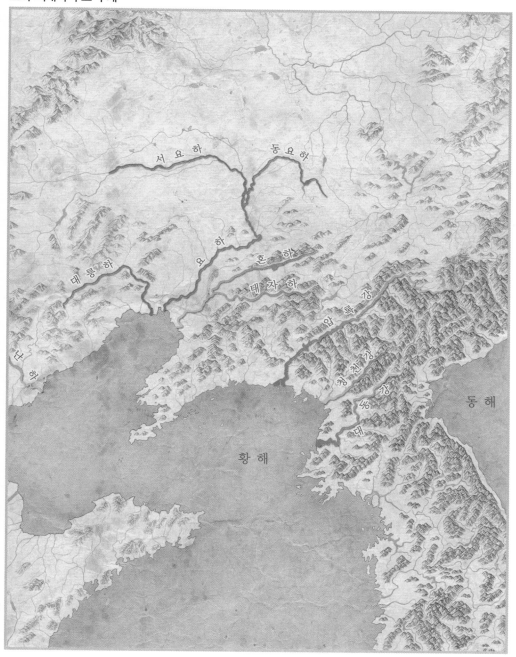

세기 말 고구려는 광개토대왕대에 이르러 마침내 요하를 확보할 수 있었다.

1,200여 년 동안 요하를 둘러싼 영토 경쟁이 쉼 없이 벌어진 것은, 요하가 동북아 패권의 향방을 결정짓는 요충지였기 때문이다. 요하를 차지한 국가가 동북아의 패권을 장악할 수 있었던 것이다. 고구려가 요하 확보 이후 최대의 전성기를 구가하고, 그 전성기에 한민족이 역사상 가장 광대한 영토를 영유했던 것이야말로 단적인 증거이다. 이 시대의 고조선과 고구려의 요하 영유권은 한민족 국가들에게 요동에 대한 역사적 연고권을 마련했고, 이 연고권을 바탕으로 요동 정벌이 여러 차례 단행되었던 것이다.

1 고조선의 출현과 요동 전쟁

패수와 초기 고조선 영토

한민족의 역사에서 처음 국가로 발걸음을 내디딘 것은 고조선이었다. 고조선의 영토 문제는 많은 사람들의 관심을 지속적으로 끌어왔으나, 이 문제만큼 실체가 모호한 것도 없다. 자료의 부족에다 일제 학자들의 편향된 자료 조사, 우리의 민족적 자존심까지 얽혀 고조선의 영토와 그 중심부에 대한 논란은 그치지 않고 있다.

현재 논란을 빚고 있는 고조선 영토에 관한 다양한 설은 초기 고조선을 대상으로 하고 있다. 기원전 8세기로 추정되는 고조선의 출현에서 기원전 4세기에 이르는 시기에 고조선의 중심지가 어디였으며 그 관할 범위가 어디까지였는가에 대한 논란인 것이다. 이 시기 고조선 영토의 중심부를 찾는 열쇠는 패수浿水가 쥐고 있다. 패수는 고조선의 수도였던 왕검성에서 중국 쪽으로 가깝게 흐르는 강을 지칭한다. 패수의 위치가 어디냐에 따라 고조선의 영토는 크게 달라진다. 결국, 고조선의 영토를 둘러싼 각종 논란은 패수를 어느 강으로 볼 것인가 하는 입장 차이에서 비롯되었다고 할 수 있다.

여러 설 가운데 청천강을 패수로 보는 설이 있다. 일제 학자들이 주장한 이 설은 고조선의 영토를 가장 작게 비정하여 한반도 내로 한정하였고, 고조선의 출현 시기도 기원전 4세기로 낮추어 잡았다. 뿐만 아니라 한민족의 역사가 처음부터 외세로 점철되었다는 점을 강조하기 위해, 한이 평양에 설치한 낙랑군의 존재를 크게 강조했다. 이러한 주장에는 일제의 식민 지배를 역사적 숙명으로 받아들이게 하려는 목적이 깃들어 있었다.

이에 반해 패수를 요하로 보는 설이 있다. 조선 후기 실학자인 이익과 안정복이 제기한 것으로, 고조선의 영토가 초기에는 요동 반도에 있다가 후기에는 평양으로 옮겨왔다는 주장이다. 이 설은 통설로 받아들여져 국사 교과서에도 실려 있다. 그러나 고조선의 중심지가 요동에서 평양으로 옮겨졌다는 적극적인 근거를 찾을 수 없다는 것이 문제로 남아 있다.

최근 고조선의 평양 중심설은 형태를 완전히 달리해 북한에서 되살아났다. 북한 학자들은 1994년 대대적으로 정비한 평양 주변의 고분을 단군릉이라고 주장하며 고조선이 이미 5000년 전에 평양에서 탄생했으며, 이를 기반으로 요동과 동북 만주까지 진출했다고 주장

1-가. 패수 청천강설

패수(청천강)

고조선

왕검성

1-나. 패수 압록강설

패수(압록강)

고조선

왕검성

1-다. 패수 요하설

패수(요하)

[지도 2-1] 패수의 위치에 따른 후기 고조선의 영토

1-마. 패수 난하설

패수(난하)

고조선

🏛 왕검성

1-라. 패수 대릉하설

패수(대릉하)

고조선

🏛 왕검성

고조선

🏛 왕검성

했다. 그러나 그 근거로 동원된 단군릉은 고구려의 돌방무덤으로 청동기 시대인 고조선 시기에는 존재하지 않았던 무덤이다. 북한 학자들의 주장은 북한이 처한 정치, 경제적 고난을 돌파하기 위한 노력일 뿐 학문적인 타당성을 담보하는 것은 아니다.

고조선의 영토가 요동을 넘어 요서, 나아가 중국 하북성에 이르렀다는 설이 있다. 대릉하를 패수로 보는 설에서는 초기 고조선의 영토가 요서 지역으로부터 한반도 서북부에 이르렀다고 주장한다. 또한 난하를 패수로 보는 설에서는 고조선의 영토가 중국 하북성 동북부로부터 한반도 서북부에 걸쳐 있었다고 하여 고조선의 영토가 가장 크게 비정된다.

그런데, 패수를 대릉하 또는 난하로 보는 이 설들은 청동기 문화권을 고조선의 영토로 연결시키는 경향이 강하다. 그러나 청동기 문화권은 고조선 영토가 성립하는 배경은 될 수 있어도 그 자체가 영토일수는 없다. 민족적 자존심을 앞세워 고조선의 중심지를 대륙 쪽으로옮겨놓는 것은 공정한 태도가 아니다.

우리 역사에서 패수는 외부 세력과 대결하는 '변경의 강'이라는 뜻으로 사용되었다. 따라서 영토가 확장되거나 축소되어 변경이 이동하면 패수도 이동했다. 이러한 점에서 보면, 패수에 대한 주장들은 모두 나름의 근거를 가지고 있고 할 수 있다. 그러나 고조선과 중국 세력의 대결 과정 그리고 주요 강들의 위치를 살펴보면, 패수는 오늘날의 압록강으로 보는 것이 가장 설득력이 있다.

압록강 이남의 한반도 서북부는 요동과 한반도 남부를 연결하는 길목으로, 대륙의 선진 문화 수입에서 가장 앞선 지역이었고 부족 사회의 성장도 빨랐다. 그 중에서도 환웅 소국은, 한반도 서북부의 중심인 동시에 이 지역에서 최대의 수역을 가진 대동강 중류에 위치한 평양을 중심으로 세력을 확장해 갔다.

적어도 기원전 8세기경부터 환웅 소국은 이 지역에 대한 강력한 주도권을 행사하며 주변 소국들에 대해 종속적인 관계를 강요했다. 이 과정을 통해 환웅 소국은 한반도 서북부 일대에서 정치적 통제권과 제사권을 행사하는 국가로 빠르게 성장했으며, 주변의 소국들은 고조선이라는 한민족 최초의 국가로 편입되었다.

영토 전쟁의 시작

고조선의 강성함이 드러난 때는 중국 세력과의 영토 전쟁이 시작되는 기원전 4세기부터였다. 기원전 4세기경 고조선의 세력권은 서쪽으로는 요하, 북쪽으로는 부여, 동쪽으로는 동해안, 남쪽으로는 한강 하구에 이르고 있었다. 이 시기의 중국은 통일 국가가 성립되지 않은 분열 시기로 전국 시대라 하였다. 이 가운데 북경 일대에서 성장한 연이 요동으로 세력을 확장하고 있었다. 연의 요동 진출은 이 지역에 패권을 가진 고조선과 충돌을 불가피하게 했다.

연은 기원전 4세기 말부터 기원전 3세기 초까지 진개를 보내 요하를 건너 고조선을 침공했다. 이 전쟁에서 패한 고조선은 요하로부터 만번한으로 밀려났다. 만번한은 오늘날의 개평 서쪽에서 동북쪽으로 이어지는 지역이다. 이로써 천산 서쪽을 확보한 연과 천산 동남쪽 지역을 지킨 고조선은 요동 반도를 경계로 대치하게 되었다.

연은 고조선으로부터 뺏은 영토를 관리하기 위해 요동군을 설치했는데, 이때 설치한 요동군은 중국 세력이 처음으로 요동 지역에 확보한 거점이었다. 이후 요동군은 중국 세력이 한민족과 요동을 두고 다

[지도 2-2] 기원전 4~3세기 고조선의 영토 변화

흉노

동호

부여

숙신

요하

요동군

천산

만번한

개평

만리장성

연(기원전 4세기~222)

진(기원전 222~207)

패수(압록강)

청천강

동옥저

고조선

임둔

동해

진 멸망 뒤
고조선의 회복선

기원전 4세기말~3세기초
연의 잠식선

기원전 3세기말
진의 잠식선

황해

기원전 4세기
고조선의 영토선

요동 지방 지세도

심양

대릉하

요하

천

산

발해만

한국

요동반도

황해

대련

툼을 벌일 때마다 주요 거점으로 활용되었다.

기원전 221년, 중국 최초의 통일 국가인 진이 성립했다. 동아시아 정세 변동에서 가장 큰 파장을 낳으면서 한민족에게 직접적인 영향을 미치던 변수는 중국의 통합과 분열이었다. 중국에서 통일 국가가 등장하면 동방으로 진출하여 이 일대의 세력을 압박했으며, 중국이 분열 상태에 놓이면 요동, 동북 만주, 한반도의 여러 세력이 강성해지곤 했다.

진은 연의 영토를 계승하면서 연이 설치한 요동군도 접수했다. 또한 북방 흉노족을 막기 위한 만리장성을 고조선과 인접한 요동까지 연장하고 있었다. 진은 건국 후의 혼란을 안정시키자 곧바로 고조선을 침공했다. 진의 군대는 고조선과 연과의 경계였던 만번한을 돌파하여 천산의 동남쪽을 무너뜨린 후 압록강을 건너 청천강까지 진출했다. 진의 강력한 공격으로 고조선은 만번한 동쪽에서 압록강 유역에 이르는 지역, 그리고 압록강-청천강 일대를 상실하고 말았다. 고조선의 영토는 청천강 이남으로 축소되었던 것이다.

그러나 진은 건국 후 30여 년 만에 멸망했고, 중국은 다시 혼란에 빠지고 말았다. 잠시 진에게 빼앗겼던 압록강-청천강 일대는 다시 고조선의 영토로 회복되었다. 고조선이 치룬 진, 연과의 전쟁은 이후 장구한 세월 동안 동방 지배를 추구하는 중국 세력과 요동 지배를 추구하는 한민족의 영토 전쟁의 시작을 알리는 신호탄이었다.

고조선의 멸망과 한사군 설치

진이 멸망한 후 한이 성립되었다. 건국 초기의 한은 요동 방면으로 군사력을 집중할 수 없었다. 한은 요동 반도의 천산으로부터 압록강에 이르는 지역을 연 지역의 제후 왕에 소속시켜 관리했다. 천산에서 압록강까지 지역은 한과 고조선이 대치하는 중립 지대가 되었고, 고조선은 압록강 일대의 방비를 강화하면서 한의 움직임을 주시하고 있었다.

그러던 중 연 지역의 제후 왕 노관이 한의 중앙 집권 정책에 반발하며 북방의 흉노로 망명하는 사건이 발생했다. 당시 혼란으로 많은 유이민이 고조선으로 들어오게 되었다. 이들 중에는 노관의 부관이었던 위만이란 사람이 있었다. 위만은 기원전 195년경 고조선의 준왕에게 항복한 뒤, 서쪽 변방에 정착하도록 허락해 주면 중국 유민들을 거두어 고조선에 충성하겠다고 약속했다. 준왕은 위만에게 100리 땅을 봉해 주며 서쪽 변경을 지키게 했다. 그러나 위만은 중국 유민, 토착 고조선인, 압록강 유역의 사람들을 규합하여 세력을 확대한 뒤 준왕을 공격해 정권을 탈취했다. 이를 기존의 고조선과 구분해 위만 조선이라고도 부른다. 하지만 왕통만 바뀌었을 뿐 고조선의 골격은 그대로 유지되었다.

위만은 망명 당시 들여온 철기 기술로 군대를 무장시키고 주변 지역을 공략하기 시작했다. 그 결과 고조선은 압록강 유역의 진번, 개마고원 동쪽의 임둔, 동옥저를 다시 복속시켜, 고조선의 영토는 사방 수천 리에 이르게 되었다. 또한 압록강 서쪽 일부까지 확보하는 개가를 올리고 있었다.

고조선이 세력을 팽창하는 동안 한은 압록강 일대를 사이에 두고 고조선과 대치하고 있었다. 그런데 한 무제가 공세적인 영토 확장책을 펴면서 고조선을 압박하기 시작하였다. 고조선은 한의 압박에 대처하기 위해 한에 가장 위협적인 북방의 흉노와 긴밀히 협조하는 공동 전선을 폈다. 한은 고조선을 흉노의 왼팔이라 비난하고 있었다. 두 나라 사이의 긴장 관계를 풀기 위해 한은 섭하를 보내 고조선을 회유하려 했으나 고조선은 한과의 타협을 거부했다.

기원전 109년 한은 육로와 수로 양쪽 방면으로 고조선을 침공했다. 그러나 한의 육군은 고조선군에게 저지당해 압록강을 넘지 못했으며, 한의 수군도 산동 반도 내주에서 대동강으로 진격했지만 격파되고 말았다. 이듬해인 기원전 108년, 한의 2차 침공이 시작되었다. 한의 군대는 압록강 저지선을 돌파하여 청천강을 건너 대동강에 이르렀고 왕검성을 포위했다.

고조선은 완강한 수성 작전을 펼치며 수개월에 걸친 한의 공격을 막아냈지만, 장기간 계속된 전쟁은 고조선 지배층의 내분을 야기시켰다. 결국 우거왕까지 살해되는 사태에 이르자, 항전을 지속하지 못하고 왕검성이 함락됨으로써 고조선은 멸망하고 말았다.*

한은 고조선의 영토에 4개의 군을 설치했다. 이른바 낙랑군, 현도군, 임둔군, 진번군의 한사군이다. 전국 시대에 처음으로 요동에 거점을 확보했던 중국 세력은 이제 한반도 북부까지 직접 장악하게 되었다. 그러나 토착 세력의 완강한 저항으로 한사군은 제대로 가동될 수 없었고, 이로 인해 한사군이 함께 존속한 시기는 길지 않았다. 한은 기원전 82년 임둔군을 낙랑군에, 진번군을 현도군에 통합해야 했다. 그나마 7년 후에는 현도군마저 압록강 중류의 집안에서 요동 북

＊ **고조선 지배층의 내분** | 한 군대의 왕검성 포위가 장기화되자, 고조선의 지배층은 화친론자와 항전론자로 대립하여 내분이 일었다. 재상인 노인과 참, 장군 왕협은 한나라 군대에 항복하고자 했다. 우거왕이 반대하자, 재상 참이 왕을 죽이고 항복했다. 반면 대신 성기는 국왕이 죽고 왕자까지 투항한 상황이었지만 끝까지 항전했다. 성기마저 왕자 장에 의해 살해되자 더 이상 항전은 불가능했다.

[지도 2-3] 기원전 107년 쯤의 옛 고조선 지역

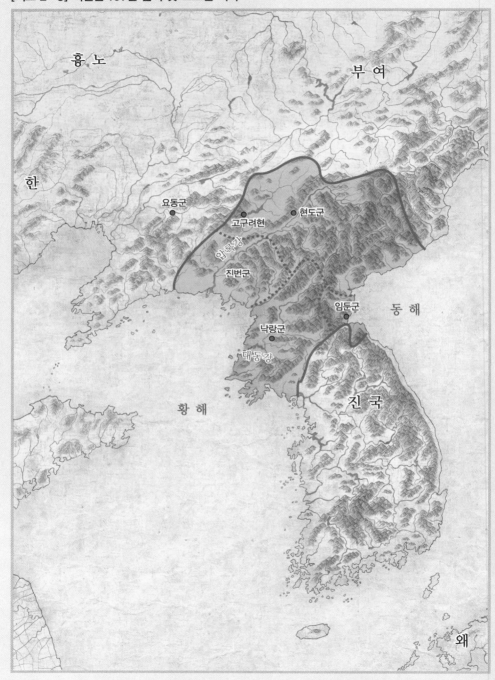

흉노

부여

한

요동군

고구려현

현도군

압록강

진번군

임둔군

동해

낙랑군

대동강

황해

진국

왜

쪽의 영릉으로 축출되었다. 그러나 낙랑군은 400여 년 동안 한반도 허리부에 존속했다.

중국은 낙랑군이 오랫동안 대동강 일대의 평양에 존속한 것을 두고, 이 지역을 경계로 대동강 이북에 대한 역사적 연고권을 주장하는 근거로 이용했다. 전략적 측면에서도 중국은 대동강을 요동 방어의 최전선 기지로 인식했다. 이러한 사례는 한중 관계사에 잘 나타나 있다. 신라와 당이 동맹을 맺을 당시 당이 제시한 신라와의 경계는 대동강이었으며, 조ㆍ일 전쟁 발발 후 조선의 원병 요청에 참전을 머뭇거리던 명은 평양이 함락되자 즉각 원군을 파견한 바 있다.

이런 인식은 비단 전통 시대에만 있었던 것은 아니었다. 2003년 중국은 동북 공정을 추진하면서 대동강 이북이 중국에 귀속돼야 한다는 주장을 폈다. 물론 가장 중요한 근거로 낙랑군이 제시되었다. 그러나 이런 논리를 적용시키면 요동 지역은 연의 지배 이전에 고조선의 영토였으므로 한국 영토에 귀속되어야 할 것이다.

② 고구려의 요동 탈환

고구려의 서안평 확보

고조선이 멸망한 후 동북 아시아 일대는 재편성되면서 여러 토착 세력이 성장하게 되었다. 이들 토착 세력은 권역별로 네 부분으로 나눌 수 있다. 동북 만주의 부여, 한반도 서북부의 고구려, 한반도 동북부의 동예, 옥저, 그리고 한반도 중남부의 삼한으로 나눌 수 있다. 이들이 권역별로 별개의 세력으로 성장한 것은 지형에 따라 나뉘었기 때문이다.

이들 토착 세력은 대체로 독립적으로 성장하고 있었다. 한 군현이 설치되었다고는 하나 실제적인 지배를 받고 있었던 것은 아니었다. 그러나 한반도 서북부의 압록강 일대에서 성장하고 있던 고구려는 달랐다. 고구려가 출발한 지역은 한 군현의 관할을 직접 받고 있던 지역이어서 고구려의 성장은 한 군현 축출과 함께 이루어졌다. 진번군과 임둔군은 곧바로 폐지되었지만, 나머지 현도군, 낙랑군, 그리고 후일에 설치된 대방군 모두 고구려에 의해 축출되었다는 것은, 고구려와 중국과의 대결 관계를 보여준다.

고구려가 기틀을 잡은 환인 일대는 고구려현으로 편제되어 집안에 있던 현도군의 지배를 받고 있었다. 기원전 75년 고구려는 집안에 있던 현도군을 요동 지역의 영릉으로 내쫓았다. 영릉으로 쫓겨난 현도군은 1세기 말 2세기 초 다시 혼하 유역의 심양－무순 사이로 축출되었다. 2세기 초엽 고구려의 영토는 남쪽으로는 낙랑군과 압록강 하류의 예맥 세력, 동쪽으로는 옥저와 동예, 북쪽으로는 부여, 서쪽으로는 현도군·요동군과 접하고 있었다.

고구려는 요동군과 현도군을 쉼 없이 공격했다. 그러나 압록강 하구의 요충지인 서안평을 확보하지 못하는 한 이들에 대한 우위를 점할 수 없었다. 서안평은 요동 지역에 있던 요동군과 현도군을 한반도의 낙랑군과 이어주는 거점으로, 고구려로서는 이곳을 점령해야만 배후의 위협을 차단하고 요동으로 진출할 수 있는 교두보를 마련할

[지도 2-4] 고구려의 낙랑군·대방군 축출

선비

부여

책성

서진

현도군

요동군

국내성

고구려

황초령

함흥

311년 서안평 함락

313년 낙랑군 함락

314년 대방군 함락

동해

백제

황해

신라

마한

가야

왜

수 있었다.

3세기에 접어들면서 중국에서는 후한이 멸망하고 위진남북조 시대라 하는 분열 시대가 전개되었다. 후한 멸망 후 시작된 중국의 분열은 수에 의해 통일될 때까지 400여 년에 이르고 있었다. 위진남북조 시대 동안 고구려와 국경을 접한 국가들은 명멸을 거듭하고 있었다.

후한 멸망 직후 성립한 위·촉·오의 삼국 시대에는 고구려는 위와 국경을 접하게 되었다. 242년 고구려는 서안평을 공격하여 함락시켰다. 그러자 위는 관구검을 보내 고구려를 침공했다. 관구검 군대에 밀린 고구려의 동천왕은 수도를 버리고 평안북도 만포 방면으로 달아나야 했다. 고구려의 서안평 공격은 국가의 멸망 위기까지 몰고 갔던 것이다.

3세기 후반에는 위가 멸망하고 서진이 등장했다. 서진은 한반도에 있던 낙랑군과 대방군*을 관할했으나, 내부 정변으로 혼란에 빠지면서 낙랑군과 대방군은 사실상 와해되어 가고 있었다. 이 틈을 노린 고구려가 311년 서안평을 점령했고, 낙랑군, 대방군은 고립무원에 빠지게 되었다. 2년 후인 313년 고구려는 낙랑군을 정복했고 이듬해에는 대방군도 정복했다.

고구려의 낙랑군, 대방군 축출은 한반도 안에서의 400여 년에 이른 중국 세력의 영향을 종식시켰을 뿐만 아니라, 한반도 세력들 사이

✱ 공손씨의 군현, 대방군 | 대방군은 초기의 한사군과는 별개의 군현이다. 이 지역은 한강 이북에서 자비령 이남에 해당하는데 원래 낙랑군의 관할을 받았다. 그런데 2세기 후반부터는 낙랑군도 이 지역에 대한 지배력을 잃었다. 후한 멸망 후 요동 지배자인 공손씨는 이 지역에 대한 지배력을 회복하기 위해 204년 대방군을 설치하고 치소를 봉산에 두었다. 그 위치상 대방군은 한강 세력인 백제의 지속적인 공격으로 위축되어 있다가 결국 고구려의 낙랑군 축출과 함께 축출되었다.

의 경쟁에서 완충 장치를 제거하는 결과도 가져왔다. 이에 한반도 세력들 사이의 영토 경쟁은 새로운 단계로 진입하여 정복과 복속, 멸망과 병합이 더욱 치열해지고 있었다.

광개토대왕의 요동 확보

3세기 말엽 요서 지역에서 선비족이 강성해지고 있었다. 이들 중에서 요하 유역을 차지한 선비족 모용부가 전연을 세웠고, 고구려와 대치하게 되었다. 서진을 상대로 하여 서안평을 확보하고 낙랑군, 대방군을 축출한 고구려의 다음 과제는 요동을 확보하는 것이었다. 요동을 확보하기 위해서는 요하까지 진출해야 했고, 요하로 진출하기 위해서는 전연과의 충돌은 불가피했다.

전연은 342년 대규모 군대를 동원하여 고구려를 공격했다. 이 전쟁에서 참패한 고구려는 수도가 함락되고 미천왕의 무덤이 파헤쳐지고, 왕모와 왕비를 비롯하여 5만여 명이 포로로 잡혀가는 수모를 당해야 했다. 또한 그간 요동에서 얻은 영토 모두를 상실했다.

그러나 4세기 후반 전연이 멸망하고 후연이 건국되는 혼란이 있었다. 이 시기에 고구려는 공세를 취하기 시작했다. 385년에 요동군과 현도군을 함락시킴으로써 요동의 요충지를 모두 확보했다. 그러나 5개월 후 후연의 반격이 시작되면서 고구려의 요동 장악은 난항을 겪었다. 고구려와 중국 세력, 그리고 북방 세력은 4세기 내내 요하를 두고 일진일퇴를 거듭하고 있었던 것이다.

392년 한민족 역사상 가장 위대한 정복 군주인 광개토대왕이 즉위했다. 광개토대왕은 400년 후연의 침공을 격파하고 요하를 넘어 대릉하까지 진출했다. 이제 고구려의 요동 지배는 본 궤도에 올랐고,

[지도 2-5] 광개토대왕의 영토 확장

부 여

숙 신

거 란

시라무렌하

농안

길림

책성

후 연

대릉하

요하

현도군

태자하

요동군

국내성

고 구 려

동 해

황 해

백제

신라

가야

왜

이후 고구려의 영토 확장은 거침없이 진행되었다. 광개토대왕은 농안으로 이동했던 부여를 복속시켰다. 서북쪽으로 시라무렌하의 거란을 공격하고 내몽고 동북부까지 영향력을 행사했다. 또한 책성 주변의 동부여도 멸망시키자 그 북쪽의 숙신도 위협을 느끼고 복속해 왔다. 한사군의 잔영으로 그나마 남아 있던 현도군마저 멸망시킴으로써, 기원전 1세기부터 끈질기게 추진되어 왔던 한 군현 축출 작업도 완결되었다.

5세기의 고구려는 광개토대왕의 전방위에 걸친 정복 활동으로, 요동과 동북 만주를 대부분 차지하여 동아시아에서 최대 강국으로 부상했다. 이는 고조선 멸망 이래 중국 세력에 밀리고 있었던 한민족이 700여 년 만에 우위를 확보한 것이기도 했다.

2. 한강 시대

한강은 백두대간 줄기에서 발원하여 서해로 흘러들면서 한반도 허리부를 가로 지른다. 북쪽으로는 광주산맥과 철령 부근까지 물줄기가 뻗쳐 있고, 남쪽으로는 소백산맥과 광주−음성을 연결하는 산지에 둘러싸여 그 유역이 광대하다. 4세기 말 이래 7세기 말까지의 300여 년은 한강을 둘러싸고 패권 다툼이 벌어진 시대로, 이른바 고구려, 백제, 신라의 삼국 시대에 해당한다.

가장 먼저 한강을 선점한 국가는 한강 유역에서 건국한 백제였다. 4세기 말 고구려가 남하하여 한강을 차지하면서 한강은 백제와 고구려의 대치선이 되었다. 5세기 후반 신라가 남한강 상류로 진출한 후부터는 한강은 고구려, 백제, 신라의 대치선이 되었다. 한강에서 직접 대치하게 되자 삼국의 영토 경쟁은 더욱 치열해졌고, 한강을 차지하기 위한 삼국의 이합집산도 거듭되었다.

백제는 신라와 연합하여 고구려로부터 한강을 빼앗고 신라와 분할 점령했다. 백제는 한강 하류를, 신라는 한강 상류를 차지했다. 그러나 신라가 한강 하류까지 점령하면서 한강 전역을 차지했다. 한강을 회복하기 위해 백제는 고구려와 손을 잡고 신라에 대한 공세를 쉼 없이 펼쳤다. 궁지에 몰린 신라는 고구려에게 원병을 청했지만, 고구려는 원병 조건으로 신라가 차지한 한강 상류를 반환할 것을 제시했다.

한강을 둘러싼 삼국의 쟁패는 막바지로 치달았고, 결국 신라는 당과 연

한강 시대의 주요 수계

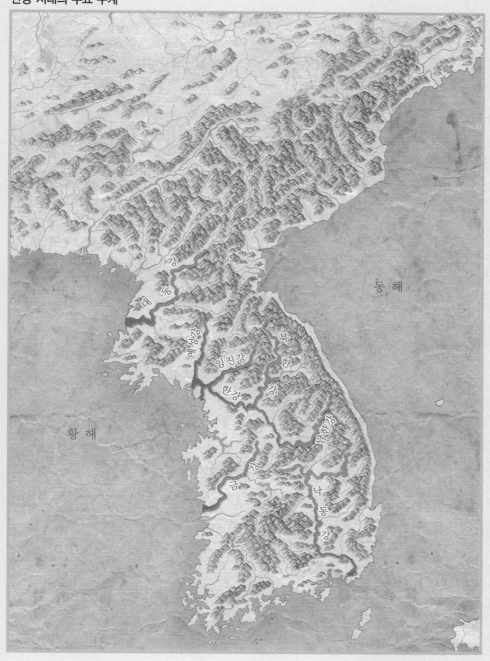

동 해

황 해

대동강

청천강

임진강

북한강

한강

남한강

금강

낙동강

합해 고구려·백제를 멸망시켰다. 그러나 신라는 한반도 전역을 차지하려는 당과 결전을 치루어야 했고, 한강 일대는 다시 한번 치열한 격전장이 되었다. 당을 몰아낸 후에야 신라는 한강을 안정적으로 확보할 수 있었다. 이는 동시에 한반도의 주도권을 둘러싼 영토 경쟁의 시대가 끝난 것이었다.

한강 시대는 한반도의 주인을 결정하는 진통의 시기였다. 이때 만들어진 통일 국가의 골격은 고려·조선을 지나면서 거의 그대로 유지되었다. 그런데, 현대에 들어서 한반도 세력 간의 대치선으로서의 한강이 되살아났다. 오늘날 남북의 대치선인 휴전선은 한강 하구에서 시작하여 철령 부근의 북한강 상류로 이어지고 있다. 이 선에서 대치하고 있는 두 세력도 1500여 년 전처럼 한반도의 주도권을 둘러싼 경쟁을 벌이고 있는 것이다.

1 한강 경쟁의 선두 주자, 백제

예성강을 둘러싼 고구려와의 충돌

한반도 허리부를 끊고 있던 낙랑군과 대방군이 고구려에 의해 축출되자, 한반도 중남부에서는 새로운 세력의 성장이 비약적으로 이루어졌다. 마한 지역에서는 백제가, 진한 지역에서는 신라가 성장했다. 이 중에서 백제는 한강에서 출발한 세력으로 가장 먼저 한강에 대한 지배권을 확보했다.

314년 고구려에 의해 대방군이 축출된 직후 백제와 고구려는 예성강을 경계로 대치하게 되었다. 두 나라의 직접적인 대치는 이 일대를

[지도 2-6] 4세기 백제의 영토 확장

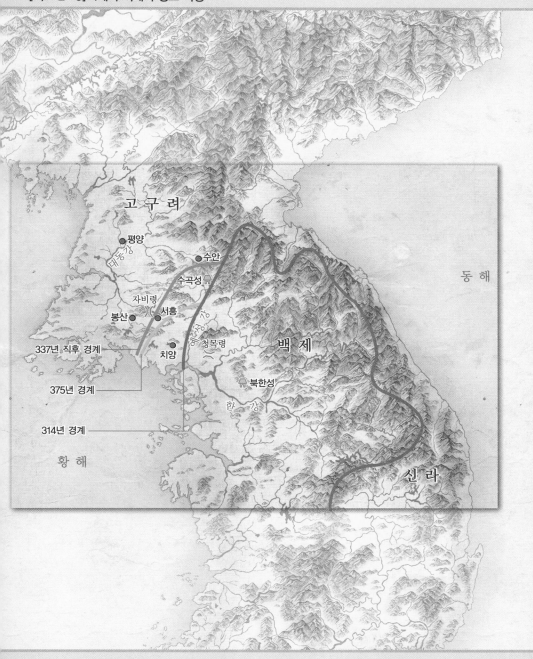

고 구 려

평양

수안

수곡성

자비령

봉산   서흥

청목령   백제

치양

337년 직후 경계

375년 경계

북한성

314년 경계

한 강

황 해

신 라

동 해

둘러싼 일전일퇴를 거듭하게 했다. 337년 백제가 먼저 예성강을 건너 북상하여 기존의 대방군 지역이었던 멸악산맥 이남을 차지했다. 대방군을 축출한 당사자인 고구려로서는 이 지역을 백제에게 빼앗길 수는 없었다. 고구려 고국원왕은 369년 2만 군대를 동원해 자비령 남쪽의 봉산−서흥 축선으로 멸악산맥을 넘은 뒤 예성강 서쪽을 점령했다.

고구려가 공격한 자비령 남쪽의 봉산−서흥−예성강 축선은 한반도의 남방 세력과 북방 세력 모두에게 전략적 기동로로 중요한 축선이었다. 이 축선은 나·당 전쟁 시기에 당이 신라를 공격할 때 이용되었고, 고려의 북진 때에도 이용되었으며, 조선 시대 일본군의 평양 공격에도 이용된 바 있었다. 이 축선을 고구려에게 내주면, 백제는 예성강−임진강 선을 잃을 뿐만 아니라 한강 선까지 위험에 처하게 될 수 있었다.

당시 백제는 근초고왕의 시대였다. 고대 3대 영토 군주로 꼽히는 근초고왕 때에 이르러 백제는 전성기를 구가하고 있었다.* 근초고왕은 대규모 군대를 보내 고구려군을 예성강을 따라 북쪽으로 계속 밀어붙였고, 고구려군은 수곡성으로 후퇴해야 했다. 예성강 상류에 위치한 수곡성은 평양−수안을 거쳐 예성강 유역으로 진출할 수 있는 요충지였다.

고구려가 수곡성을 전진 기지로 삼아 자꾸 침공하자, 371년 근초

✱ **한강과 3대 영토 군주** | 백제 근초고왕은 고구려 광개토대왕, 신라 진흥왕과 더불어 3대 영토 군주로 불린다. 이들 왕에 이르러 삼국은 각기 비약적인 영토 확장을 이루었다. 시기적으로는 근초고왕(346~375), 광개토대왕(391~413), 진흥왕(540~576)의 순으로, 삼국의 한강 장악과 일치하고 있다. 한강을 지배하는 국가야말로 한반도의 주도권을 장악할 수 있었던 것이다.

고왕은 정예군 3만을 이끌고 평양까지 진군했다. 위기감을 느낀 고구려의 고국원왕은 직접 평양성 방어에 나섰지만 전사하고 말았다. 백제는 고구려 국왕을 전사시킬 만큼 대승을 거두었던 것이다.

그러나 근초고왕은 고구려를 멸망시키는 것보다는 고구려의 남진 의지를 꺾는 것이 주목적이었다. 백제는 고구려 남진의 기지인 수곡성을 장악하여 고구려와의 대치에서 우위를 점하는 것으로 전투를 마무리지었다. 그러나 백제의 수곡성 장악은 오래가지 못했다.

375년에 고구려는 수곡성을 함락시켰고, 이는 백제 근초고왕이 평양성 전투에서 얻은 성과를 무너뜨렸다. 백제는 2년 후 3만 군대로 평양성을 다시 공격했지만 실패했다. 이후 백제와 고구려는 대방군이 축출된 직후처럼 예성강 선을 경계로 대치하게 되었다. 예성강 이북으로 북상하려 했던 백제의 시도는 원점으로 되돌아갔던 것이다

한반도 서남부 통합과 탐라국 복속

사실, 백제의 북방으로의 영토 확장은 고구려의 반격으로 별다른 진척이 없었다. 그러나 한반도 서남부에서의 백제의 영토 확장은 실제적인 성과를 낳았다. 한반도 서남부는 마한 연맹의 세력권으로, 한강을 중심으로 하는 백제와 지리적으로나 역사적으로 이질적인 지역이었다. 두 지역이 하나의 영토권으로 통합된 것은 4세기 후반 근초고왕의 정복 사업에 의해서였다.

4세기 중엽에 백제는 이미 천안에서 청주, 조치원 방면으로 진출해 있었고, 이후 공주, 대전 방면을 영토로 편입했다. 공주-대전 이북이 백제에 편입되자 소백산맥을 경계로 신라와 접하게 되었다. 대방군이 축출되면서 예성강이 고구려와 접경선이 되었듯이, 기존의

[지도 2-7] 백제의 한반도 서남부 확보 과정

동 해

고구려

백제

한성

황 해

청주

4세기 중엽 백제·마한 경계

신 라

마

벽지산

고사산

가 야

한

산맥

무진주

탁순국

다사성

364년 백제의 확보선

벽중

5세기 말 백제의 확보선

마한 지역을 편입하는 과정에서 소백산맥이 신라와의 접경선으로 형성되고 있었던 것이다. 이후 이 소백산맥 선은 신라와 백제가 국가의 존망을 걸고 벌이는 영토 전쟁의 격전지가 되었다.

근초고왕은 험준한 소백산맥을 넘어 신라를 공격하기 보다는 진출 방향을 남쪽으로 잡았다. 근초고왕은 364년까지 노령산맥 이북을 확보했다. 그런데 노령산맥 이남의 호남 지역은 산지 사이로 고립된 곳이 많아 일거에 정복하기는 어려웠다. 이에 근초고왕은 가야 연맹과의 전통적인 우호 관계를 이용하여 우회적인 방법을 썼다.

당시 남해안 일대에 있던 가야 연맹은 중국과 왜를 연결하는 교역의 중간 거점의 역할을 하고 있었다. 근초고왕은 우선 창원의 탁순국의 협조를 얻어 왜와의 교역로를 확보하고, 하동의 다사성으로 진출하여 왜와의 교역 거점을 확보했다. 이를 기반으로 한반도 서남부 끝에 위치한 강진, 해남에 있던 소국들을 평정했다. 이후 나주, 보성, 전남 해안 지방의 소국들이 복속해 왔다. 4세기 말엽까지 백제는 마한과 전남 해안 지방의 소국들을 모두 복속시켰다.

제주도가 백제의 영토로 편입되기는 그로부터 1세기가 흐른 후였다. 5세기에 이르러 백제는 제주도의 탐라국에게 복속을 강요했고, 476년 탐라국의 왕은 백제에 복속했다. 498년 탐라국의 조공이 끊어지자 백제의 동성왕은 직접 정벌에 나섰다. 백제 정벌군이 무진주(광주)에 이르자 탐라국은 사신을 보내 재복속을 약속했고, 이후 탐라국은 백제의 복속국으로 남았다. 백제의 탐라국 복속으로 제주도는 한반도와 하나의 영토권으로 편입되었다.

요서 경략설과 임나 일본부설의 진실

백제는 바다를 통한 주변국과의 교통이 활발한 나라였다. 황해를 건너 중국과 교류했고 남해를 거쳐 왜와 교류했다. 특히 4세기 후반 근초고왕은 전남 일대를 장악하고 일본과 오가는 해상 교통로를 확보했다. 이는 왜와의 교역을 통해 경제적 이익을 얻고 있는 낙동강 일대의 가야 소국들에게 직접적인 위협을 주었다. 가야 연맹은 왜와 교섭을 강화해 백제에 대응하려 했다. 근초고왕 때의 활발한 정복 사업과 대외 관계는 요서 경략설과 임나 일본부설이라는 수수께끼를 낳았다.

요서 경략설이란 근초고왕의 태자가 황해를 건너 요서 지역과 북경 이남 지역을 빼앗아 요서, 진평에 두 군을 설치했고, 근수구왕으로 즉위한 후에는 산동 지방을 원정하여 산동 이남의 강소, 절강 지방의 여러 군현을 빼앗았다는 설이다. 이는 4세기 후반 백제의 영토 팽창이 중국에 이르렀다는 것으로, 한국 학자 일부가 주장하고 중국 학자들은 받아들이지 않는 설이다.

이에 반해 임나 일본부설은 정반대이다. 4세기 후반 왜의 신공황후가 신라와 낙동강 유역 7개국을 정복하고 임나 일본부라는 식민 통치 기관을 설치했다는 설로, 결국 한반도 남부가 왜의 지배를 받았다는 것이다. 일본 학자들이 주장하고 한국 학자들은 받아들이지 않는 설이다.

두 설은 지금까지도 숱한 논쟁을 낳고 있다. 그러나 두 설 모두 당시 세력 판도의 정황과 그 사실을 기록한 역사서 자체의 부정확함을 고려할 때 정설로 받아들이기는 어렵다. 요서 경략설의 경우, 과연 당시 백제의 영토 팽창이 요서, 화북, 산동까지 미칠 수 있었는지가 의문시되고 있고, 임나 일본부설의 경우 당시 왜의 세력 팽창이 한반도 남부에 미칠 수 있는지가 의문시되고 있다.

요서 경략설은 중국측 사료에만 나오는 기록이다. 그 기록들은 요서 지역을 정복한 세력을 백제라고도 하고 낙랑이라고도 하여 일관되지 못하다는 맹점이 있다. 이 때문에 고구려에 의해 요서 지역으로 축출된 낙랑군을 기존의 대동강 유역의 낙랑군으로 오인하여 낙랑을 백제로 오기한 것이라는 주장도 있다.

임나 일본부설은 일본측 사서에만 나오는 기록이다. 『일본서기』에 의하면 신공황후가 신라와 낙동강 유역 7개국을 정복하고, 임나 일본부를 통해 4세기부터 6세기까지 한반도 남부를 지배했다는 설이다. 그러나 이 책 자체가 고대 국가를 완성한 일본 황실의 권위를 과시하기 위해 많은 부분을 사실과 다르게 각색했기 때문에 신빙성이 없다는 것이 정설이다.

더욱이 임나 일본부설은 근대 일본의 식민 사학자들이 조선 침략을 합리화하기 위한 정치적 목적으로 제기한 설이다. 고대에 이미 임나 일본부를 통해 식민 통치를 받았으므로, 근대에 일본의 식민 통치를 받는 것은 역사적 숙명이라는 사실을 주지시키기 위해 만들어낸 설인 것이다. 해방 후 『일본서기』의 허구성이 드러나면서 임나 일본부설은 일본 학자들 사이에도 한풀 꺾여 등장했다. 이들은 임나 일본부의 존속 기간을 줄이고 통치 기능을 축소하는 방향에서 다양한 설들을 내놓았다. 그러나 임나 일본부의 존재 자체에 대해서는 주장을 굽히지 않고 있으며, 현행 일본의 역사 교과서에도 그 내용이 실려 있다.

현재까지도 일본 학자들이 백제의 압박에 대응한 가야와 왜의 외교적 교섭을 식민 통치로 해석하는 것은 심각한 역사 왜곡이 아닐 수 없다. 동시에 우리가 일본 학자들의 임나 일본부설을 비판하는 입장은 우리 자신의 요서 경략설 주장에도 적용되어야 한다. 백제의 영토 팽창을 지나치게 확대하는 것도 역사 왜곡의 일종이기 때문이다. 마찬가지로 백제의 중국 진출을 아예 부정하는 견해도 역사 왜곡이다. 백제의 요서 경략은 영토 확보라는 측면에서가 아니라 교역 범위와 교역 거점 확보라는 측면에서 접근해야 한다. 당시 백제가 우수한 해군력을 바탕으로 산동 반도와 그 이북의 화북 연안 지방에 상업 기지를 확보한 것으로 해석하는 것이 타당하다.

2 한강을 넘어선 고구려의 압박

광개토대왕의 한강 이북 확보

4세기 말 고구려는 예성강을 넘어 북진하려는 백제와 벌인 전투에서 고국원왕이 전사하는 비극을 겪어야 했다. 고구려는 소수림왕과 고국양왕 때에 대내적 체제 정비에 주력하여 내부 혼란을 안정시키는 한편, 신라와 우호관계를 맺어 백제에 대한 공동 전선을 마련하고 있었다.

392년에 즉위한 고국원왕의 손자인 광개토대왕은 즉위한 지 한 달 만에 백제에 대한 공격에 나섰다. 이전의 예성강 일대를 둘러싼 전쟁이 백제와 고구려의 두 나라 사이의 전쟁이었다면, 고구려의 선제 공격으로 시작된 이번 전쟁은 신라, 가야, 왜가 참전하는 국제전으로 전개되었다.

고구려군은 예성강을 건너 한강 이북의 지역을 점령했고, 임진강과 한강이 만나는 요충지인 관미성을 차지했다. 고양-광주산맥 선을 간신히 지키던 백제는 예성강 상류의 수곡성을 공격했으나 실패하고 말았다. 그러나 고구려에 대해 지속적인 공세를 벌인 결과, 백제는 관미성을 가까스로 회복할 수 있었다.

고구려는 즉시 대대적인 반격에 나섰다. 396년에 광개토대왕은 한강 이북의 성들을 함락시켰고, 한강을 건너 한성(몽촌토성)을 포위했다. 백제 아신왕은 더 이상 견디지 못하고 항복했다. 이 정벌로 한강 하류 일대와 한강 이북은 고구려의 세력권이 되었고, 이로써 장수왕 대에 한강의 주도권을 잡는 토대를 마련할 수 있었다.

이제 백제는 자국의 힘만으로 고구려를 상대하기는 역부족이었다. 백제는 고구려와 우호 관계를 맺고 있는 신라를 공격하기로 하고, 399년 가야와 왜 연합군을 동원해 신라를 공격했다. 신라는 고구려에 구원을 요청했다. 고구려 광개토대왕은 보병과 기병 5만을 이끌고 신라에 침입한 왜군을 격퇴했다. 고구려군은 퇴각하는 왜군을 추격하여 낙동강 하구에 위치한 김해 금관국까지 점령했다. 그리고 이곳에 주둔군을 남겨 가야 소국들에 대한 영향력을 행사했다.

이때 파견된 고구려군은 남한강 상류의 충주에 국원성을 설치하여 남한강 상류를 지배했으며,* 소백산맥 이남으로 진출하여 영주-안동-청송-청하 선 이북을 장악했다. 이때 고구려가 설치한 국원성은 신라와 백제 모두에게 강력한 위협이었다. 신라로서는 국원성의 존

[지도 2-8] 고구려 광개토대왕의 남방 진출

고 구 려

동 해

수곡성

봉산

광개토대왕 즉위 전 대치선

관미성

광주산맥

아차성

미추성

한성

황 해

국원성

영주

백 제

404년 진출선

추풍령

청하

신 라

가 야

광개토대왕의
금관국 점령

다사성

금관국

재로 인하여 소백산맥을 넘어 진출하는 것이 어려웠고, 이로 인해 6세기 중반 진흥왕 때 와서야 국원성을 함락시키고 한강과 동해안으로 진출할 수 있었다.

또한 남한강 상류 일대를 고구려가 국원성을 통해 장악한 형세는 백제에게는 수도의 후방을 적에게 내준 격이었다. 이러한 상황을 타개하기 위해 백제는 왜에 협조를 요청했다. 404년 백제와 왜 연합군은 임진강과 예성강을 건너 고구려로 진격했다. 고구려의 광개토대왕은 대규모 군대를 이끌고 평양을 거쳐 봉산으로 출정했다. 고구려군이 봉산 동쪽의 멸악산맥 통로를 차단하고 좌우에서 백제군을 공격하자 퇴로를 잃은 백제와 왜 연합군은 대부분 궤멸당하고 말았다.

광개토대왕 비문의 수수께끼

광개토대왕의 정복 사업은 고구려 전 시대를 거쳐 최대 성과를 거둔 것으로, 당대 고구려인이 영토를 넓힌 군주라는 뜻으로 '광개토왕廣開土王'이라는 시호를 붙여 칭송할 정도였다. 아들 장수왕은 즉위 2년이 되는 해인 414년에 아버지의 정복 활동을 기리기 위해 높이 6.3미터, 각면 넓이 1.5미터의 비석을 세우고 1,800여 자의 비문을 새겼다. 현재 중국 집안에 있는 이 비석은 한민족의 역사상 가장 큰 비석이기도 하다.

비문은 세 가지 내용으로 구성되어 있다. 전반부에서는 고구려의

✴ 충주의 중원 고구려비 | 광개토왕이 충주(옛 이름 중원)에 국원성을 설치한 것은 고구려의 남진책에 기념비적인 사건이었다. 아들 장수왕은 '중원고구려비'를 세워 고구려의 충주 점령을 기념했다. 비문이 마모되어 전문을 읽을 수는 없으나, 고구려가 형님이 되고 신라가 아우가 되며 고구려의 영토가 조령, 죽령에 이른다는 내용이다. 현재 국내에 있는 유일한 고구려비이다.

건국 내력을 설명했고, 중반부에서는 광개토대왕의 정복 활동을 연대순으로 기록했다. 그리고 후반부에서는 광개토대왕릉을 관리하는 절차에 대해 기록했다. 이 비석에 새겨진 내용은 비단 고구려뿐만 아니라 한국 고대사 전체를 연구하는 데 매우 중요한 자료이다.

그런데 비문 구절을 둘러싸고 한국과 일본은 첨예한 논쟁을 벌여왔다. 비문 중 '百殘新羅舊是屬民由來朝貢而倭以辛卯年來渡海破百殘□□□羅以爲臣民'의 32자를 둘러싼 논쟁은 '신묘년조 해석의 시비'라고도 불린다. 이 32자가 양국의 문제가 된 것은 임나 일본부의 존재 여부와 관련되어 있기 때문이다. 일본 학자들은 32자를 이렇게 해석했다.

백제와 신라는 예로부터 왜의 속민으로 조공을 바쳐왔다. 왜가 신묘년(391)에 바다를 건너 백제와 신라를 쳐서 신민으로 삼았다.

이런 해석을 통해 일본 학자들은 설령 『일본서기』의 임나 일본부 기사를 불신한다 하더라도, 비문의 이 구절이야말로 4세기 후반 왜가 한반도 남부를 지배한 증거를 보여준다고 했다.

그러나 4세기 후반 왜가 백제와 신라를 격파하고 게다가 고구려 대군을 맞아 싸웠다는 것은 당시 왜의 세력으로는 불가능한 일이었다. 이에 한국측에서는 한문의 해석이나 국제 정세로 보아서도 이 구절이 임나 일본부설을 뒷받침한다는 것은 어불성설이라고 반박했다. 일제 강점기에 활약한 정인보는 신묘년조 해석에 매우 독창적인 해석을 제시했다.

백제와 신라는 모두 고구려 속민이었다. 그런데 왜가 일찍이 신묘년에 고구려를 내침하자 고구려도 바다를 건너 왕침하여 서로 공격

했다. 그리고 백제가 왜와 통교하
게 되자 신라가 불리하게 되었다.
태왕이 '(백제와 신라는 모두) 우
리의 신민인데 어찌 이렇게 되었
는가' 라고 여겼다. 이에 몸소 수군
을 거느리고 진군하였다.

391년에 왜가 고구려를 침략하
자 고구려군이 바다를 건너 왜를
격파한 것으로 해석했던 것이다.
그러나 과연 왜가 먼저 고구려를
침공할 만큼 세력이 강성했는지는
불분명하고, 게다가 고구려군이
바다를 건너 왜를 침공했는지도
확실치 않다.

광개토대왕비

광개토대왕 비문의 해석을 둘러
싼 한일 양국의 논쟁은 1970년대 재일 사학자 이진희가 광개토대왕
비문 변조설을 제기하면서 새로운 전기를 맞이했다. 이진희의 주장
에 따르면, 일본 육군참모본부가 1900년을 전후하여 광개토대왕 비
문을 세 번에 걸쳐 변조했다는 것이다. 따라서 신묘년조에서 왜倭 이
하의 도渡, 해海, 파破의 네 글자는 믿을 수 없다고 했다. 그러나 변조
설을 인정한다 해도 본래의 원문을 찾을 수 없다는 것이 이 주장의
어려운 점이다.

이후에도 한국측에서는 비문 해석을 두고 비문의 글자 형태, 한문
대구를 고려한 재해석 등 여러 설들이 제기되었다. 여러 설이 난무하

는 가운데 광개토대왕 비문의 신묘년조는 여전히 수수께끼로 남아 있다. 그간 글자 자구의 해석을 둘러싼 논쟁은 소모적인 경향을 띠고 있었다. 문제를 풀 수 있는 단서는 4세기 중후반의 동북 아시아의 국제 정세에 있다.

4세기 중후반 한반도에서는 백제 근초고왕(346~375)과 고구려 광개토대왕(391~413)이라는 걸출한 영토 군주가 활약하고 있었다. 이런 시기에 왜의 세력이 한반도 남부를 지배했다는 것은 정황상 맞지 않는다. 특히 고구려 광개토대왕은 북방으로는 요동과 동북 만주를 손에 넣고, 남방으로는 백제를 압박하여 낙동강 하구의 가야 소국들까지 세력권에 포함시켰다. 그리고 신라도 고구려의 속국으로 복속시켰다. 고구려는 명실공히 요동과 동북 만주, 그리고 한반도 전역을 아우르는 천하 제국이었던 것이다. 이러한 시대에 왜의 식민 통치 기관이라는 임나 일본부가 낙동강 일대에 존재했다는 것은 앞뒤가 맞지 않는 역사 해석인 것이다.

장수왕의 평양 천도와 한강 장악

413년에 즉위한 장수왕은 광개토대왕이 확보한 광대한 영토를 이어받았다. 5세기에 고구려는 유례없는 전성기를 맞이했고 대외 관계도 안정되었다. 그러나 이는 역설적으로 고구려가 안고 있던 태생적인 문제점을 자각하게 했다.

당시 고구려의 수도였던 집안은 한 군현과 투쟁하기 위한 근거지로 선택된 곳이었다. 그러나 한 군현이 축출된 지도 100년 이상 지났고, 중국 세력이 고구려의 생존 자체를 위협하는 상황에서도 벗어나 있었다. 고구려가 전 국토를 효율적으로 관리하면서도 장기적인 발

오락후

부여

물길

지두우

농안

거란

대릉하

책성

북위

요동성

고구려

동해

평양

(자비령

북한성
아차성
한성

한금령

5세기 후반 고구려의
최대 남하선

남성골성

청하

웅진

백제

신라

황해

가야

[지도 2-9] 장수왕 때 고구려의 남방 진출과 동북아 판도

전을 도모하기 위해서는 산악 지대로 둘러싸인 집안보다는 안정된 중심지가 필요했다.

집안을 제외한 요충지 중에서 요동은 평야 지대이기는 하나 중국 세력과 직접 충돌하는 지역이어서 안정성이 떨어졌고, 동북 만주는 고구려의 중심지 기능을 하기에는 너무 북쪽으로 치우쳐 있었다. 그리고 개마고원 방면은 험준한 지형 조건으로 불리했다. 이 때문에 주목된 곳이 평양이었다. 이곳은 고조선과 낙랑군의 치소였고, 오랫동안 대륙과 한반도를 연결하는 중계지였기 때문에 수도로서의 조건을 두루 갖추고 있었다. 이에 장수왕은 427년 평양으로 천도를 단행했다.

지금까지 장수왕의 평양 천도는 남하 정책을 추진하기 위한 사전 포석이라는 주장이 많았으나 수도를 남쪽으로 옮겨야만 남하 정책이 쉬운 것은 아니었다. 평양은 백제의 중심지와 근접하므로 상황에 따라서는 안정성이 떨어질 수 있었다. 장수왕도 평양에서 전사한 고국원왕을 기억하고 있었다. 이 때문에 장수왕의 평양 천도는 고구려의 장기적인 발전을 위해 단행된 것으로 보아야 한다.

고구려의 평양 천도는 비단 백제뿐 아니라 그간 고구려와 우호 관계를 맺고 있던 신라에게도 직접적인 위협이 되었다. 433년 백제와 신라 사이에는 나·제 동맹이 결성되었다. 이후 백제와 신라는 서로 원군을 보내주면서 고구려의 남진을 막고 있었다. 비단 백제와 신라의 동맹뿐 아니라 가야, 왜까지도 동맹 관계에 동원되어 고구려와 전쟁을 치르고 있었다.

백제는 472년 북위에 군사 원조를 요청했지만 거절당했다. 그러나 고구려는 북위에 군사 원조를 요청한 백제의 행위를 심각한 도발로

[지도 2-10] 5세기 말 고구려와 백제 · 신라의 충돌

동 해

고 구 려

평양

치양성

고구려가 백제에게 빼앗긴 지역

한성

5세기 말 경계

하슬라성

실직성

모산성

국원성

죽령

고구려가 신라에게
빼앗긴 지역

살수

견아성

장수왕 때 경계

황 해

웅진

신 라

미질부

탄현

백 제

서라벌

가 야

받아들였고, 이를 계기로 백제에 대대적인 공격을 재개했다. 475년 3만 명의 고구려군은 임진강을 건너 북한성과 아차성을 장악했고, 한강을 건넜다. 나제동맹에 의해 신라가 원군을 보냈지만, 고구려군은 백제의 수도 한성으로 들어가 북성을 점령하고 개로왕이 있던 남성(몽촌토성)을 포위했다. 개로왕은 고구려군에게 사로잡혀 아차성에서 살해당했다. 전쟁에서 패한 백제는 수도를 한성에서 웅진(공주)으로 옮겨야 했다.

5세기 초엽 광개토대왕 때 남한강 상류를 장악한 고구려는 5세기 후엽 장수왕 때에 이르러 한강 전역을 장악했다. 그러나 고구려의 남진은 신라와 백제의 동맹관계를 더욱 공고화시켰고, 두 나라는 합세하여 고구려의 남진을 저지하고 있었다.

고구려는 백제의 한성 함락시 원군을 보낸 신라를 응징하기 위해 군대를 보냈다. 481년 고구려군은 동해안에 있는 미질부까지 진군했다. 신라는 백제와 가야에 구원을 요청했다. 양국은 즉시 원군을 보내 고구려군을 미질부 이북으로 몰아냈고, 이하 서쪽까지 추격해 격파했다. 이후 신라가 공격당하면 백제가 원군을 보내고, 백제가 공격당하면 신라가 원군을 보내면서 고구려의 남진을 저지하고 있었다. 5세기 말 고구려는 사실상 남진정책을 포기해야 했고, 이후 고구려와 신라, 백제의 공방전은 예성강 하구-진천- 소백산맥 선에서 소강상태를 이루고 있었다.

3 신라의 한강 확보와 한반도 동북부 진출

진흥왕의 한강 장악

한반도 중심부인 한강을 기준으로 볼 때, 4세기 주역은 백제였고 5세기 주역은 고구려였다. 그러나 6세기에 접어들면서 신라가 한강의 주역으로 등장했고, 이는 6세기 중엽 진흥왕이라는 걸출한 영토 군주에 의해서 가능했다.

신라가 한강 유역으로 진출하기 위해서는 소백산맥을 넘어야 했다. 소백산맥은 남북으로는 한강과 낙동강을 가르면서 동서로는 호남과 영남을 구분하는 선이다. 특히 청주-충주 방면의 소백산맥 인접 지역은 남한강, 금강, 낙동강의 상류가 교차하는 요충지이다. 또한 남한강 상류는 고구려가, 금강 상류는 백제가, 낙동강 상류는 신라가 각각 차지하고 있었다. 신라가 소백산맥을 넘는다는 것은 이 지역에서 마주하고 있는 고구려, 백제와의 충돌을 의미했다.

신라는 고구려의 국원성이 버티고 있는 남한강 상류로의 진출보다는 고구려의 공격으로 수세에 몰린 백제 방면 쪽의 소백산맥 진출을 시도했다. 5세기 후반부터 보은에 삼년산성을 쌓아 소백산맥 서북 지역의 중심 거점으로 삼은 후 이 일대에 방어선을 착실히 구축했다.

6세기 중엽은 신라는 진흥왕이 영토 확장을 모색하고 있었고, 백제는 성왕이 주도하는 부흥 운동이 착실히 진행되고 있던 시기였다. 백제 성왕은 고구려에게 빼앗긴 한강 하류 유역을 탈환하고자 했고, 신라 진흥왕은 고구려가 점령하고 있는 남한강 상류 유역을 탈환하

[지도 2-11] 신라 진흥왕의 영토 확장

고구려

마운령비

황초령비

동 해

비열홀주
철령

진흥왕 즉위 전

북한산비
하슬라성

568년

우산국

551년
당항성
실직성

국원성

독도

한금령
죽령

황 해

관산성전투
추풍령

신 라

미질부

사비

대가야

서라벌

백 제

창녕비

가 야

금관국

고자 했다. 성왕과 진흥왕은 공히 그간 고구려의 남진 정책으로 빼앗긴 영토를 탈환하겠다는 점에서는 이해를 같이 하고 있었다.

551년 고구려가 돌궐의 침입을 받았다. 절호의 기회라 여긴 신라 진흥왕과 백제 성왕은 공조하여 고구려가 차지했던 한강 전역을 탈환하고자 했다. 신라군은 죽령을 넘어 충주, 제천 등 철령 남쪽에 이르는 10개 군현을 탈취했다. 특히 그간 한강 상류에서 고구려의 거점이던 충주 국원성을 함락시킨 것은, 이 일대에 대한 고구려의 오랜 지배를 종식시켰다는 점에서 의의가 컸다. 경기도 동부를 경계로 하여 한강 상류는 신라가, 한강 하류는 백제가 각각 차지했다.

그간의 나·제 동맹은 고구려의 남진을 저지하기 위한 수세적인 공동 전선이었으나, 551년 신라·백제 연합군이 고구려를 한강 전역으로부터 축출한 것은 나·제 동맹이 이룬 최대 성과였다. 신라와 백제의 한강 분할은 2년 남짓 이어졌다. 그러나 553년 신라가 백제를 공격하여 광주−죽산 이서 지역과 한강 이북을 점령했다. 이는 나·제 동맹을 와해시키는 배신 행위였다.

이듬해인 554년 백제 성왕은 가야와 왜를 연합한 수만 명의 군대를 결성하여 추풍령 축선으로 신라를 공격했다. 그러나 백제군의 주력은 옥천 주변의 관산성 일대에서 지체되고 있었고, 성왕이 구천에서 신라군의 기습에 걸려 전사하고 말았다. 신라군은 이 기회를 놓치지 않고 대대적인 공격에 나서 대승을 거두었다.

신라는 여세를 몰아 남양만까지 점령하고 아산만 이북의 경기도 일대도 장악했다. 이곳을 장악함으로써 신라는 백제가 광주산맥과 임진강 너머로 진출하는 교두보를 차단할 수 있었고, 또한 고구려로부터 한강 이북을 지켜낼 수 있는 요충지를 확보한 것이었다. 이를 기념하기 위해 555년 진흥왕은 북한산에 행차하여 기념비를 세웠다. 이른바 북한산 순수비이다.

진흥왕 때 한강 전역의 확보는 신라의 성장에서 획기적인 사건이었다. 한반도 중심부를 차지함으로써 고구려와 백제의 연결을 차단할 수 있었고, 또한 중국과의 교역로를 확보함으로써 동북 아시아에서 유리한 고지를 점했다. 이는 향후 신라가 생존을 담보하고 백제, 고구려와 항쟁하는 데 절대적인 버팀목이 되었다. 그러나 신라가 나·제 동맹을 배신한 것은 백제와의 관계를 극도로 악화시켰고, 이후 쉼 없이 전개되는 백제의 공격은 신라의 존재 자체를 위협하기에 이르렀다.

동해안을 거슬러 함경도까지

그간 신라의 주된 진출 방향은 한강 방면이었다. 이로 인해 6세기 초까지도 동해안 방면의 진출은 느슨한 편이었다. 그런데 신라는 한강을 장악하면서 동해안 방면으로의 진출에도 유리한 입장에 서게 되었다. 이미 확보한 북한산성으로부터 동두천, 연천을 거쳐 추가령구조곡으로 뻗어나갈 수 있는 발판을 마련했고, 그 종착점은 동해안의 원산이었다. 반면, 임진강을 사이에 두고 신라와 대치하던 고구려는 마식령산맥 남쪽의 추가령구조곡까지 전력을 집중할 수 없었다.

신라 진흥왕은 두 축선을 통해 고구려를 압박했다. 동해안 방면의 신라군은 강릉에서 속초를 넘어 북상했고, 북한산성 쪽의 신라군은 동두천-연천-추가령구조곡을 통해 원산 방면을 압박했다. 마침내 신라는 안변까지 진출하는 데 성공하여 556년에 비열홀주를 설치했다. 진흥왕이 북한산에 행차한 지 9개월 만이었다.

안변은 그 이북의 원산, 영흥, 흥남을 장악하기 위한 교두보가 되었다. 이들 지역은 거의 평지로 연결되는데다 고구려로부터 적극적인 보호를 받지 못하고 있었다. 신라는 이 지역을 점령하고 568년까지 북청, 이원을 넘어 함경남도 대부분을 차지했다. 같은 해 8월, 진흥왕은 황초령과 마운령에 행차해 기념비를 세웠다. 이른바 황초령 순수비와 마운령 순수비이다.

황초령은 장진고원의 남단으로 압록강의 지류인 장진강과 함흥 서쪽을 흐르는 오로촌천의 분수령일 뿐만 아니라, 함흥에서 개마고원의 장진－강계를 거쳐 집안의 국내성으로 이어지는 축선의 관문이었다. 마운령은 함경남도의 북쪽 경계에 인접한 곳이다. 진흥왕은 두 지점에 직접 행차하여 기념비를 세움으로써 신라의 한반도 동북부 진출을 대내외에 과시했던 것이다.

신라는 진흥왕 때 동북부로 진출하여 고구려를 동쪽과 남쪽에서 동시에 압박할 수 있었고, 삼국 간의 경쟁에서도 확실한 우위를 확보했다. 고구려는 별다른 저항도 못하고 영토를 내주어야 했지만, 언젠가 신라에 빼앗긴 영토를 탈환해야 할 입장이었다. 이는 한강 하류 상실로 인한 백제의 위협과 함께 신라를 위협하는 요인으로 잠복하고 있었다.

이사부의 지략으로 얻은 우산국

우산국은 삼척의 정동쪽에 위치한 사방 100리 정도의 소국으로 오늘날의 울릉도를 가리킨다. 이곳은 바다 멀리 떨어져 있어 사람들이 많이 살지는 않았다. 바위와 돌로 구성된 험준한 지형과 지리적 고립성으로 우산국은 오랫동안 삼국과 별개로 존속했다.

6세기 신라는 동북부 방면으로 적극적인 진출을 계속하고 있었고, 이 과정에서 우산국을 복속시키기에 이르렀다. 신라의 우산국 복속은 전쟁이 아닌 이사부의 지략으로 이루어졌다. 하슬라주의 군주로 부임한 이사부는 우산국에게 복속할 것을 종용했다. 그러나 우산국인들은 먼 바닷길과 울릉도의 험한 지형을 믿고 이사부의 요구를 거부했다.

　이사부는 무력이 아닌 우산국 정복 방법을 모색했다. 접근이 어렵고 사람들이 용맹한 점을 고려해 이사부는 계략을 쓰기로 했다. 그는 나무로 사자들을 만들어 함선에 나누어 싣고 군사들과 함께 울릉도로 출발했다. 해안에 도착한 이사부는 항복하지 않으면 사자를 풀어 해치겠다고 위협했다. 우산국 사람들은 신라가 다수의 함선을 이끌고 정벌군을 파견할 것으로는 예상하지 못하고 있었다. 게다가 처음 보는 동물 형상은 이들의 공포심을 증폭시켰다. 할 수 없이 우산국 사람들은 신라에 항복했다.

　이때부터 우산국은 해마다 신라에 공물을 바쳤다. 신라는 이곳을 하슬라주에 편입시켰으나, 우산국을 독자적인 행정 구역으로 편성하지는 않았다. 당시로서는 우산국에서 취할 수 있는 경제적 이익이 지방관의 파견과 유지에 들어가는 비용보다 많지 않았기 때문이다. 그러나 신라는 우산국의 복속으로 동해를 장악했다는 상징적 효과를 얻을 수 있었다. 신라의 우산국 정복은 울릉도를 한민족 역사의 무대로 끌어들였다. 삼국 통일 뒤에도 울릉도는 신라 영토로 남았고, 고려 시대 이후에도 지속적으로 우리의 영토였다.

　우산국을 정복할 당시 신라는 울릉도 동쪽의 독도에 대해서는 관심을 갖지 않았다. 당시로서는 독도와 같은 바위섬은 별 쓸모가 없었고, 단지 울릉도에 부속된 섬이었을 뿐이다. 조선 시대에 이르러 일본의 대마도주는 울릉도를 일본 영토로 편입하고자 했고, 근대에 이르러서는 독도가 아예 일본에 침탈당했던 적이 있었다. 조선 시대에 울릉도 분쟁이 일어났을 때도 그리고 현재의 독도 영유권 논쟁에서도 가장 강력한 근거는 바로 이사부가 우산국을 복속하여 신라 영토로 편입했다는 『삼국사기』의 기록이다. 이사부의 우산국 정복이야말로 독도에 대한 역사적 연고권이 한국에 있음을 증명하는 가장 중요한 사건이라 할 수 있다.

4 한강 경쟁의 결말, 통일 전쟁

백제와 고구려의 신라 압박

6세기 신라의 전방위에 걸친 영토 확장은 고구려, 백제에게는 막대한 영토 손실을 가져왔다. 고구려는 광개토대왕, 장수왕의 남진으로 획득한 영토가 원점으로 되돌려졌고 한반도 동북부에 대한 지배력도 옛 일이 되었다. 백제도 간신히 회복한 한강 하류를 빼앗겼다. 또한 신라가 가야 연맹을 병합함으로써 낙동강 일대에 대한 백제의 영향력도 완전히 사라졌다.

신라에 대한 공격을 주도한 것은 백제였다. 백제는 우선 소백산맥의 추풍령 축선으로 신라를 공격하기 시작했다. 신라는 계속 수세에

[지도 2-12] 대가야 연맹의 멸망과 신라 · 백제에 의한 분할

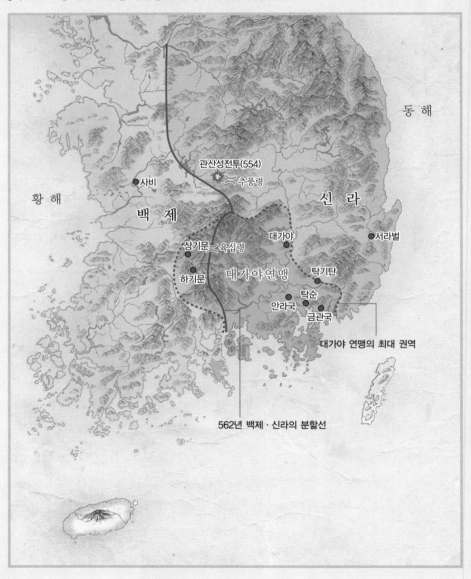

동 해

황 해

관산성전투(554)

추풍령

사비

백 제

신 라

상기문 육십령

대가야

서라벌

하기문

대가야연맹

탁기탄

탁순

안라국

금관국

대가야 연맹의 최대 권역

562년 백제 · 신라의 분할선

몰렸고, 낙동강 일대, 소백산맥 동쪽, 지리산 동북쪽의 요충지들이 점령당하였다.

고구려도 신라를 남쪽으로 밀어내고 있었다. 고구려군은 임진강을 넘어 한강 이북의 요충지인 북한산성을 공격했다. 북한산성을 빼앗길 경우 신라는 임진강에서 한강 사이의 지역을 모두 상실할 수 있었다. 신라 진평왕은 즉시 군사 1만 명을 이끌고 고구려군을 격퇴했지만, 고구려의 임진강 선 공격은 계속되었다.

남한강 상류 방면에서도 고구려는 온달을 죽령 동북쪽의 단양까지 출병시켜 죽령 이북의 땅을 회복하려 했다.* 온달은 고구려 평원왕의 사위로 일찍이 후주와의 전쟁에서 명성을 떨친 장수였다. 온달은 '계립령과 죽령 이서의 땅을 회복하지 못하면 돌아오지 않겠다'며 비장한 각오로 출정했다. 광개토대왕, 장수왕 때 확보한 영토를 되찾겠다는 것이다. 그러나 온달은 아단성(온달산성) 전투에서 전사하고 말았다. 온달의 전사로 고구려의 계획은 수포로 돌아갔으나 신라의 위기감은 더욱 고조되었다.

낙동강 일대에 대한 백제의 공격도 거세지고 있었다. 고령 이남의 낙동강 서쪽은 백제의 수중으로 넘어갔다. 무엇보다도 합천 대야성 전투에서 김춘추의 사위와 딸이 죽은 것은 신라에게 씻을 수 없는 증오심을 심었다. 신라는 적국 고구려에 지원을 요청하려 했다. 전방위

✱ **신라와 고구려의 격전지, 단양** | 현재 단양에는 신라와 고구려의 승패의 갈림을 보여 주는 신라 적성비와 고구려의 온달산성이 있다. 신라 적성비는 진흥왕 때 이사부가 551년 고구려 땅이었던 단양(당시 적성)을 점령하고 세운 기념비이다. 진흥왕대 세워진 비이기는 하나 진흥왕이 직접 행차하여 세운 비가 아니기 때문에 진흥왕 순수비에 속하지는 않는다. 아단성이라 불리는 온달산성은 남한강 일대를 차지한 고구려가 쌓았다가 신라가 차지했던 산성이다.

[지도 2-13] 7세기 초 고구려 · 백제의 신라 영토 잠식

고 구 려

동 해

수구성

달홀주

석두성

칠중성

북한산성

7세기 초

당항성

석모성

아단성

죽령

가잠성

6세기 말

사벌주

신 라

추풍령

감물성

황 해

백 제

옥문곡

이막성

대야성

에 걸쳐 고구려와 백제의 공격을 받고 있던 신라의 사정은 그만큼 절박했다.

김춘추는 원병을 청하기 위해 고구려로 갔다. 그간의 신라와 고구려의 적대 관계로 볼 때 목숨을 건 일이었다. 고구려는 신라가 빼앗은 죽령 서북의 땅을 돌려주어야만 원군을 보내겠다고 조건을 내걸었다. 백제의 공격을 막기 위해 한강 유역을 내준다는 것은 이익보다 손실이 컸다. 게다가 고구려는 김춘추를 돌아가지 못하게 감금했다.

고구려로 간 김춘추가 60여 일이 지나도 돌아오지 않자 신라의 김유신은 결사대를 조직하여 고구려를 공격하려 했다. 김춘추는 거짓으로 고구려의 요구 조건을 들어주겠다고 하여 가까스로 풀려날 수 있었다. 결국 협상은 결렬되었고, 고구려와 신라는 갈등만 커졌다. 신라는 생존을 보장받기 위한 자구책이 필요했고, 이를 위해 전략적 전환을 모색해야 했다.

고구려와 수·당의 대결

신라가 한창 소백산맥을 넘어 한강으로 진출하면서 영토 팽창을 하고 있던 5세기 후반 동아시아 국제 정세에는 크나큰 변동이 일고 있었다. 위진 남북조의 분열 시대를 마감하고 통일 국가가 들어서고 있었던 것이다.

중국에서 통일 국가가 서는 것은 한민족 세력에게는 직접적인 위협이 되곤 했다. 이러한 예는 춘추 전국 시대를 통일하고 성립한 진, 한이 고조선을 압박하고 멸망시킨 데서 이미 나타났다. 한 멸망 이후 위진 남북조의 분열 시대 동안 고구려의 국가 발전과 영토 확장은 비약적일 수 있었다. 그러나 중국에 강력한 통일 국가가 서게 되자 고구려의 상황은 고조선과 같아지고 있었다.

589년에 수가 중국을 통일했다. 수는 예상대로 고구려에 복속을 요구해 왔다. 고구려는 처음부터 강경한 태도로 대처했다. 고구려 영양왕은 598년 1만 명의 군대로 요서 지역을 공격했다. 바로 그 해, 수 문제는 30만 군대를 동원해 고구려 정벌에 나섰다. 수의 육군은 요동에서 홍수를 만나 진군이 지체되었다. 수군水軍은 산동 반도의 동래에서 출발해 평양으로 향했으나 격심한 풍랑을 만났다. 수 문제는 원정군을 되돌릴 수밖에 없었다. 이것이 수의 1차 침공이다.

2차 침공은 612년 수 양제에 의해 단행되었다. 수는 113만여 명의 수군과 육군을 동원하여 공격했다. 요하에서 밀린 고구려군은 요동성으로 들어가 항전하여 성을 끝까지 지켰다. 수의 수군水軍은 바다를 건너 대동강을 거슬러 올라와 평양 60리 밖까지 진군했지만 고구려군의 유인 작전에 말려 대패했다.

수 양제가 별도로 편성한 별동 부대가 압록강 서쪽으로 진출하고 있었다. 을지문덕의 고구려군은 작전상 후퇴를 계속하고 있었다. 을지문덕은 수 군대가 물러나면 국왕이 수에 입조하겠다고 했다. 수 군대가 청천강을 건널 때 을지문덕은 기습 공격을 감행해 전멸시켰다. 이것이 바로 유명한 살수 대첩이다. 이후에도 수는 고구려의 신성, 요동성, 비사성을 공격했으나 번번이 고구려군에게 격퇴당했다. 여러 차례의 고구려 원정으로 국력을 소진한 수는 급속히 무너졌다.

수가 멸망하고 당이 건국되었다. 당 태종은 대규모 병력을 동원하여 644년 육로와 수로의 양 방향으로 고구려로 진공케 했다. 당의 공격으로 고구려의 요동 방어선인 개모성, 요동성, 백암성이 차례로 무너졌다. 그런데 당군이 압록강을 넘기 위해서는 안시성을 장악해야

[지도 2-14] 수·당의 침공과 고구려의 대응

돌 궐

말 갈

수 침공시 고구려가 상실한 범위

거 란

부여성

천리장성

수 (589~617)
당 (618~907)

통정진

신성

개모성

백암성

요동성

안시성

요 하

서안평

고구려

동 해

건안성

살수

임유관

평양

비사성

황 해

북한산성

신 라

백 제

💥 수 침공시의 격전지

💥 당 침공시의 격전지

💥 수·당 침공시의 격전지

했다. 당군은 안시성에 맹렬한 공격을 가했다. 그러나 양만춘이 이끄는 고구려군은 5개월 동안이나 안시성을 고수했고, 결국 당군은 철군해야 했다.

고구려는 수와 당의 침입을 막아냄으로써 요동과 한반도를 중국의 지배로부터 막아냈다. 그러나 고구려는 50여 년 동안 수, 당과의 전쟁을 치르면서 막대한 인적·물적 손실을 입었고, 이로 인해 고구려의 방어력은 점점 약화되었다.

나·당 연합군의 백제, 고구려 정복

신라는 고구려와 백제의 공격으로 사면초가에 처했고, 당은 고구려 공격에 실패했다. 이러한 상황은 신라와 당의 결속을 가져왔다. 신라는 생존을 위해서 당과의 군사 협력이 필요했고, 당은 계속 실패한 고구려 원정을 성공하기 위해 신라와의 군사 협력이 필요했다.

신라는 이미 648년 김춘추를 보내 이 문제를 당 태종과 협의한 바 있었다. 그러나 당시는 당이 고구려 원정에 실패한 지 얼마 되지 않은 시점이어서 당장 대규모 군대를 동원할 수가 없었다. 그러나 새로 즉위한 당 고종이 고구려 정벌의 의지를 보이면서 상황은 바뀌었다. 당과 신라는 동맹을 맺었고, 나·당 연합군을 결성하여 먼저 백제를 치고, 이후 고구려를 멸망시킨다는 계획을 세웠다.

660년 소정방은 10만 대군을 이끌고 덕물도에 도착했다. 김유신이 이끄는 5만 명의 신라군은 탄현을 넘어 황산에 도착했다. 신라군은 계백이 이끄는 결사대의 완강한 저항에 부딪쳤다. 치열한 전투 끝에 신라군은 백제군을 궤멸시켰고, 기벌포에서 당군과 합세했다. 나·당 연합군은 금강 하류 연안에서 백제군의 방어선을 무너뜨린 뒤 사비로 향했다. 나·당 연합군이 사비성을 공격하자 의자왕은 웅진성으로 피했지만, 사비성을 지키고 있던 왕자 융이 항복함으로써 백제는 멸망하고 말았다.

백제가 멸망하자 고구려는 사면초가에 놓였다. 당은 수시로 요동, 압록강 일대와 평양을 공격했고, 그때마다 신라는 원군과 군량을 보내 지원했다. 그러나 고구려는 여전히 강성했다. 그런데 665년 고구려의 집권자인 연개소문이 사망하자 고구려 지배층에서 내분이 일어났다.* 고구려의 내분은 당과 신라가 고구려를 정벌하는 결정적인 계기가 되었다. 백제가 멸망한 7년 후인 667년 나·당 연합군은 고구려 정벌을 단행했다.

당군은 요동의 신성을 함락한 뒤 남소성, 목저성, 창암성을 무너뜨렸다. 이에 응한 김유신의 신라군은 한성정에 도착해 당군의 평양 도착을 기다렸다. 평양 북쪽 200리에 도착한 당군은 신라군의 진군을 독촉했다. 그리고는 추위가 닥쳐오자 통보도 없이 철군해 버렸다. 신라군도 이 소식을 듣고 돌아와야 했다.

해가 바뀐 668년, 당과 신라는 고구려에 최후의 일격을 준비했다. 당은 먼저 농안의 부여성을 함락했다. 그리고 요동의 당군은 압록강에 집결하여 수군과 합세한 뒤 평양으로 진군했다. 김유신이 이끄는 20만 명의 신라군도 당군과 함께 평양성을 포위했다. 나·당 연합군의 계속되는 공격에 고구려의 보장왕은 한 달을 버티지 못하고 항복

＊ 연개소문 사후의 내분 | 대당 강경론자였던 연개소문이 집권하는 동안 당과 신라는 고구려에 대한 전면전을 보류하고 있었다. 665년 연개소문이 죽자 그 아들 사이에 권력 투쟁이 일어났다. 동생 남산, 남건에 쫓긴 형 남생과 국내성 귀족 세력은 6성과 10만여 호를 이끌고 당에 투항했다. 남생은 당군 진격의 길 안내를 했고, 연개소문의 동생 연정토는 12성을 이끌고 신라로 자진 투항했다.

[지도 2-15] 나·당 연합군의 공격과 백제, 고구려의 멸망

돌궐

말갈

부여성

당

천리장성

책성

신성

남소성

목저성

668년 고구려 멸망과 당의 9도독부 설치

요동성

국내성

고구려

안시성

건안성

고구려 멸망 전의
당과의 경계선

서안평

비사성

668년 안동도호부 설치

평양

동 해

황 해

칠중성

북한산성

덕물도

남천성

신라

웅진

사비

탄현

기벌포

황산

백제

660년 백제의 멸망, 당의 5도독부 설치

하고 말았다. 이로써 동북 아시아의 최대 강국이었던 고구려는 나·당 연합군에 의해 멸망하고 말았다.

나·당 전쟁과 삼국 통일의 완성

신라의 통일 전쟁은 648년 김춘추가 당 태종과 만나 협의한 내용을 실천하는 것이었다. 이때 당 태종은 김춘추에게 다음과 같이 약속했다.

> 내가 지금 고구려를 치려는 것은 다른 이유가 있어서가 아니다. 너희 신라가 고구려, 백제 사이에 끼어서 매번 침략을 당하여 편안할 때가 없음을 불쌍히 여기기 때문이다. 산천과 토지는 내가 탐내는 바가 아니고 보배와 사람들은 나도 충분히 가지고 있다. 내가 두 나라를 평정하면 평양 이남의 백제 땅은 모두 너희 신라에게 주어 길이 편안하게 하겠다.

당 태종은 대동강 이남의 땅을 신라에게 주겠다고 제안한 것이다. 고구려, 백제의 공격에 시달리던 신라는 당 태종의 제안을 거부할 수 없었다. 신라는 동의했고, 그것은 통일 전쟁의 궁극적인 목표였다. 그러나 막상 백제와 고구려가 멸망하자 당의 태도는 변했다.

이러한 징후는 이미 백제가 멸망할 때부터 나타나 당은 백제 지역에 웅진 도독부를 설치하여 자신의 영토로 관할했다. 668년 고구려가 멸망하자 당은 평양에 안동 도호부를 설치하고는 신라를 안동 도호부의 지배를 하에 두려고 하였다. 또한 당은 예전에 고구려로부터 빼앗았던 땅을 내놓으라고 요구하기까지 했다. 그간 신라가 전쟁에 들인 공력은 여지없이 짓밟혔고, 신라로서는 더 이상 물러설 곳이 없었다. 신라 문무왕은 당에 전쟁에 참여한 대가를 요구했다. 당은 문

[지도 2-16] 나 · 당 전쟁기 신라와 당의 대치

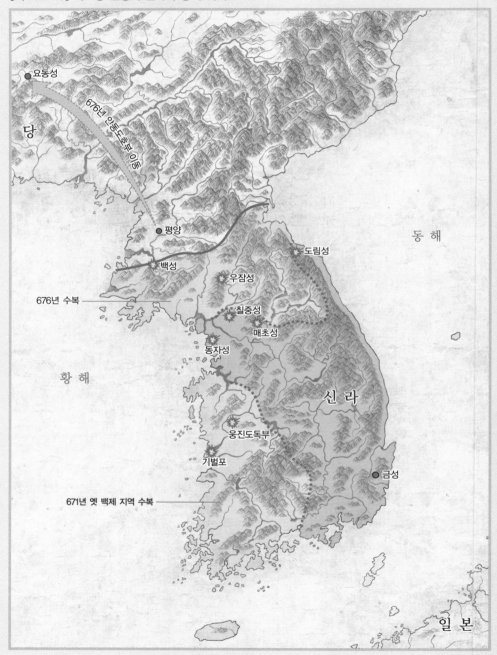

요동성

당

676년 안동도호부 이동

동 해

평양

백성

도림성

676년 수복

우잠성

칠중성

매초성

동자성

황 해

신 라

웅진도독부

기벌포

금성

671년 옛 백제 지역 수복

일 본

무왕의 요구를 묵살했고, 오히려 신라에 대한 침공을 준비했다. 신라도 결전을 각오했다.

670년 1만 명의 신라군이 압록강을 건너 옥골에 이르러 당군과 전투를 벌이면서 나·당 전쟁이 개시되었다. 나·당 전쟁에서 신라가 패배할 경우 신라의 생존은 말할 것도 없고 한민족의 한반도에서의 생활권 자체가 사라져야 할 형국이었다.

신라는 먼저 백제 지역부터 탈환하고자 했다. 670년 웅진 도독부 일대의 55개 성을 쳐서 당군을 격파했고, 이듬해에는 사비 인근의 석성에서 크게 이겼다. 이윽고 신라는 백제 영토 전역을 당으로부터 탈환했다.

이어 신라는 고구려 방면을 탈환하기 위해 평양 쪽으로 공격했다. 신라군은 평양 인근까지 진격했으나, 당의 반격으로 임진강과 한강 사이로 밀려났다. 673년부터 675년까지 신라군과 당군은 임진강–한강 일대에서 혈투를 벌이고 있었다. 당은 교착 상태에 빠진 전세를 역전시키기 위해 수만 명의 군대로 매초성을 공격했지만, 신라군의 반격으로 퇴각해야 했다. 당은 신라의 후방을 급습하기 위해 기벌포에 수군과 육군을 파견했지만, 신라군에 의해 격파되었다.

당은 어떻게 해서든 신라를 물리치고 한반도 전역을 지배하고자 했으나 번번이 실패했고, 점차 기력을 잃고 있었다. 그런 가운데 당의 서쪽 변경에서 토번의 반란이 빈번해지자 당은 전격적으로 철수를 결정했다. 결국 676년 당은 평양의 안동 도호부를 요동으로 철수시킴으로써 한반도에서 손을 떼고 말았다. 이로써 7년을 넘게 지리하게 끌어온 나·당 전쟁은 끝을 맺었고, 신라는 삼국 통일을 완성하게 되었다.*

신라가 당군을 몰아내지 않았으면 고조선 멸망 후 한반도가 한사군 지배를 받았던 것처럼 다시 중국의 지배를 받았을 것이다. 신라의 당 축출은 한반도에서 중국 지배를 불가능하게 했고, 신라의 통일 전쟁을 완성시켰다. 또한 신라의 삼국 통일로 한반도와 요동과 만주에서 일대 각축을 벌이던 여러 종족은 단일 문화, 단일 언어를 쓰는 단일 민족으로 융화될 수 있었다. 그러나 신라의 삼국 통일은 고구려 영토를 대부분 상실한 불완전한 형태로 끝났다.

이러한 삼국 통일의 불완전함으로 인해 근대 민족주의 사학자들은 신라의 삼국 통일을 평가절하했다. 신채호는 나·당 동맹을 체결한 김춘추를 '사대주의의 병균을 전파한 주인공'으로 평가했고, 통일 전쟁을 주도한 김유신은 '지략과 용기가 있는 명장이 아니라 음험한 정치가이며 그 평생의 공이 전장터에 있지 않고 음모로 주변국을 어지럽힌 자'라고 평가했다. 일본에 의해 영토와 주권이 침탈되고 있던 당시 상황에서 가장 높이 평가된 나라는 영토가 가장 광대했던 고구려일 수밖에 없었다. 고구려 멸망에 대한 아쉬움이 신라의 삼국 통일에 대한 폄하로 나타났던 것이다.

✽ 신라의 유공자 대우 | 고구려와 백제에 밀리던 신라가 승자가 되고, 당까지 격파하여 최후의 승리자가 된 데에는 여러 요인이 있다. 그 중에서 화랑의 활약이 널리 알려져 있다. 그러나 귀족 출신 장수의 활약만으로 신라의 삼국 통일을 설명하기는 부족하다. 신라는 전사한 병졸들에 대한 유공자 포상 제도를 철저하게 실시했다. 그 유가족을 포상했을 뿐 아니라 미처 중앙 정부에서 파악하지 못한 전사 병졸을 보고한 사람까지도 포상했다. 이러한 유공자 포상 제도가 신라인들이 죽음을 무릅쓰고 결전을 벌이는 제도적 뒷받침이 되어 장수와 병졸을 막론하고 수많은 용장을 탄생시킨 저력이 되었던 것이다.

3. 대동강 시대

　대동강은 낭림산맥 서쪽에서 발원해 남서쪽으로 향하다가 서해로 흘러든다. 묘향산맥의 남쪽과 언진산맥의 북쪽에 자리한 대동강은 한반도 서북부 일대에서 가장 넓은 수역을 차지하고 있다. 고구려 멸망 30년 후 고구려 계승국을 자처하는 발해가 고구려 옛 땅에서 건국했다. 발해와 통일신라는 대동강 선에서 7세기 말에서 10세기 초에 이르는 200여 년 동안 대치했다. 이 시대를 이국二國 시대 또는 남북국 시대로 부른다.

　발해는 건국 후 비약적인 영토 확장을 이루고 있었다. 동북 만주의 송화강, 흑룡강 일대를 확보한 후에 발해는 한반도 방향으로 남진했다. 압록강 중류 일대를 편입한 후 청천강으로 남하했고, 두만강을 넘어 함경도 북청을 장악했다. 발해는 고구려의 수도가 있었던 대동강 일대로 남진하고자 했다.

　발해의 성장을 견제하고 있던 것은 당이었다. 당은 8세기 초엽 신라에 발해 공격을 요청했고, 신라는 원병을 보냈다. 이때의 참전 대가로 당은 신라의 영토선을 대동강 선으로 재확인했다. 이후 신라는 대동강 일대를 영토로 편입하기 위한 북진 정책을 가속화하고 있었다. 남진하려는 발해와 북진하려는 신라는 마침내 대동강 선에서 대치하게 되었다.

　한강 시대의 한강이 생존을 건 격전의 장이었다면, 대동강 시대의 대동강은 두 세력이 공존하던 대치선이었다는 특징이 있다. 한강 시대와는 달리 대동강 시대는 별다른 전쟁이 없었다. 국경을 직접 대하고 있는 두 나

대동강 시대의 주요 수계

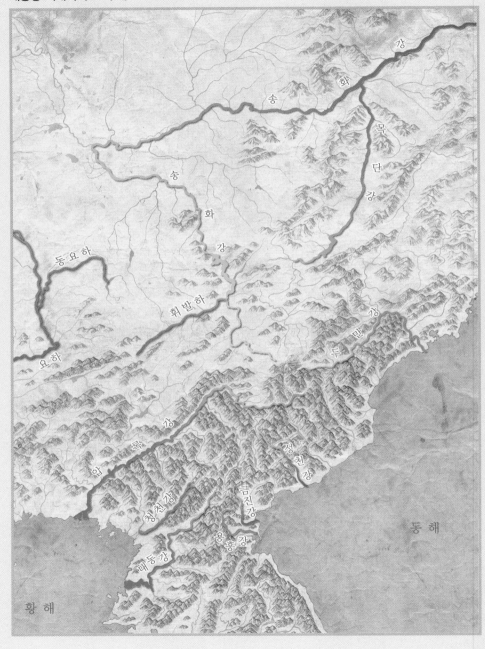

송화강

송화강

목단강

동요하

송화강

휘발하

두만강

요하

압록강

청천강

청천강

금진강

정천강

용흥강

대동강

동해

황해

라가 전쟁을 치루지 않았다는 것은 그만큼 평화 공존의 관계였다는 것을 반증한다. 그럼에도 불구하고 통일 신라와 발해가 적대적인 관계였다는 인식이 팽배하고 있는 것은, 한국사를 반도 안으로 축소시키고자 했던 일제 식민 사학의 의도가 여전히 영향을 미치고 있기 때문이다.

발해의 남진과 신라의 북진이 대동강 일대에서 멈추고 공존했던 것은 두 나라가 모두 당의 견제를 받고 있었던 데도 기인한다. 그러나 10세기 초 당의 멸망으로 인한 혼란은 동북아 국제 정세를 개편시켰고, 이 과정에서 발해가 멸망했다. 발해의 멸망은 한민족 영토사에서 만주 지역에 대한 실효적 지배가 상실된 것을 의미했다. 같은 시기에 통일 신라도 쇠퇴했고, 한강 시대를 방불케 하는 영토 전쟁의 시대인 후삼국 시대가 시작되었다.

1 발해의 만주 확보

고구려 부흥 운동과 발해 건국

신라의 통일 전쟁을 도운 당의 일차적인 목표는 고구려 영토를 차지하는 것이었다. 고구려를 멸망시키고 9도독부를 설치할 때까지 당의 이러한 목표는 실현되는 듯했다. 그러나 당군의 주둔지는 평양과 요동의 몇몇 성들에 집중되었고, 이것으로 고구려 전역을 지배하는 것은 사실상 불가능했다. 게다가 요동과 동북 만주에서는 고구려 부흥 운동이 끊이지 않았고, 이 지역의 향방은 당의 계획과는 다른 양상으로 흘러가기 시작했다.

676년 나·당 전쟁에서 패배한 당은 평양에 있던 안동 도호부를 요동성으로 옮겼다. 이곳을 기지로 삼아 여전히 동북 아시아 지역에 대한 지배를 지속하고자 했다. 그러나 한반도 서북부는 신라와의 대치로 어느 세력도 실효적으로 지배할 수 없는 점이 지대가 되었다. 또한 요동에서도 고구려 부흥 운동이 활발하여 당의 지배권이 불확실한 형국이었다.

고비 사막 북쪽에서 일어난 돌궐의 세력이 강해지면서 당의 요동 지배는 더욱 어렵게 되었다. 696년 거란족이 돌궐의 후원을 받아 대릉하 상류에 위치한 영주를 급습하자 요서 지역은 혼란에 빠졌고, 인근의 종족들은 이 기회를 이용해 당에 반기를 들었다. 이때 고구려 출신이었던 대조영 집단과 말갈의 걸사비우 집단은 당의 통제를 피해 동쪽으로 향했다.

대조영은 요하를 건넌 뒤 요동 북부의 개원, 창도 일대에 일단 머물렀다. 당군의 추격이 계속되자, 대조영 집단은 요녕성과 길림성의 경계인 천문령 쪽으로 피했다. 이곳은 동북 만주로 통하는 길목으로 그대로 더 나아가면 궁지에 몰릴 가능성이 컸다. 이에 대조영 집단은 천문령에서 당군을 크게 무찔렀고, 당군은 더 이상의 추격을 포기했다.

대조영에게는 보다 안전하면서도 장기적인 발전을 도모할 수 있는 근거지가 필요했다. 당시 동북 만주 일대에서는 말갈족이 생활하고 있었다. 고구려의 지배력이 무너진 상황에서 이들을 지배하는 조직은 해체되어 있었다. 당은 동북 만주 일대까지 신경 쓸 여유가 없었으며, 신라도 대동강-원산만 선 이남을 지배하는 데 집중했다. 이는 대조영이 동북 만주에 정착하는 데 유리한 조건이었다.

698년 대조영은 목단강 유역의 동모산에서 발해를 세웠다. 고구려 멸망 30년 만의 일이었다. 발해의 구성원은 대부분 말갈족이었으나 개창자인 대조영은 고구려 장군이었고, 고구려의 성씨를 칭했다. 발해의 역대 왕들도 스스로를 고구려 왕으로 자처했다. 발해의 건국은 고구려의 멸망으로 동북 만주에서 잠시 사라졌던 한민족의 지배권이 다시 한민족사로 편입된 것이었다.

발해가 건국되자 당은 요동 지배에 더욱 위협을 느끼지 않을 수 없었다. 이듬해인 699년 보장왕의 아들 고덕무를 안동 도독으로 삼아 요동의 고구려 유민들을 통치하게 했다. 요동에 친당적인 국가를 유지함으로써 발해의 위협에 대응하려 했던 것이다. 고덕무의 자손들은 대를 이어가며 자치국을 유지했기 때문에 소고구려라 불렸다. 고구려 멸망 30년 후에 고구려 계승을 자처한 나라가 요동에는 소고구려로, 동북 만주에는 발해로 성립했던 것이다.

발해의 영토 확장

발해가 탄생한 동북 만주는 당의 중심부로부터 멀리 떨어진 지역이었다. 그리고 당이 지배력을 유지하려 안간힘을 썼던 요동으로부터도 상당한 거리에 있었고, 수계도 요동과 달랐다. 당의 입장에서도 발해는 기존의 고구려보다 훨씬 덜 부담스러운 존재였다. 게다가 북방에서 돌궐이 계속 강성하여 당은 동북 만주까지 신경 쓸 여유가 없었다. 당과 돌궐의 대치는 발해에게는 안정적으로 성장할 수 있는 토대였다.

발해의 영토 확장은 이미 대조영 때부터 시작되었다. 말갈이 부족 단위로 분산되어 있어 대조영은 이들을 쉽게 복속시킬 수 있었다. 그는 우선 속말말갈 지역이던 휘발하 유역을 복속시키고 백두산 북쪽

[지도 2-17] 9세기 초 발해의 최대 영토

의 백산말갈 지역도 복속시켰다. 동북 만주 일대의 길림합달령 동남쪽과 백두산 이북, 함경북도의 서북쪽이 발해의 영토로 편입되었다.

대조영을 이어 즉위한 무왕은 말갈족을 복속시키는 데 전력을 다했다. 그 결과 무왕은 8세기 초까지 북류 송화강 하류와 납립하 유역의 백돌부, 납립하 유역 동쪽의 호실부, 하얼빈 일대의 안거골부를 복속시켰다. 그리고 북류 송화강 유역과 휘발하 유역의 속말부와 백두산 북쪽의 백산부 중에서 독립적으로 남아 있던 세력들도 복속시켰다. 발해의 영토 확장으로 당의 긴장은 고조되었다. 당은 흑룡강 유역의 흑수말갈을 포섭해 발해를 견제하려 했다. 그러나 무왕이 흑수말갈을 복속함으로써 흑수말갈과 당의 연결은 차단되었다.

8세기 중엽부터 당이 안록산의 난으로 혼란에 빠져들면서 발해는 최대 강성기를 맞이할 수 있었다. 발해는 요동으로 진출하여 소고구려를 병합했다. 일시적으로나마 심양과 통화의 가운데인 목저주, 현도주 등이 발해의 영토로 들어왔다. 나아가 북쪽의 홀한하 유역의 철리부, 그 동편의 불열부, 월희부, 흑룡강 유역의 흑수부도 복속했다. 발해는 요동 주변부와 동북 만주의 송화강 유역, 흑룡강 일대를 모두 차지했다.

이제 발해의 관심은 한반도 쪽으로 돌려졌다. 문왕은 함경도 북청에 남경 남해부를 설치해 남진 정책의 기지로 삼았다. 압록강 중류의 임강 압록부에는 서경을 설치했다. 이로써 발해는 압록강 중류−북청 이북의 한반도를 지배하게 되었다. 그러나 아직 신라와 경계를 마주하지는 않고 있었다.

2 신라의 북방 경략

신라의 북방 경략

나·당 전쟁이 끝났어도 신라의 서북부 경계는 신라가 차지하기로 당과 약속한 대동강 선에 훨씬 미치지 못했다. 신라는 대동강 선으로 진출하고자 했지만, 당이 견제하는 한 실현하기가 어려웠다. 그런데 당 스스로가 대동강 이남의 영유권을 인정함으로써 나·당 동맹 당시의 영토 협정을 이행했다.

733년 발해의 공격을 받은 당은 신라에게 발해의 남쪽을 공격할 것을 요청했다. 통일 전쟁에서 당의 도움을 받았던 신라는 거절할 수 없었다. 신라는 군대를 동원해 평양을 거쳐 압록강으로 향했다. 그러나 험악한 지형에 큰 눈을 만나 전력의 손실이 크게 발생하자 신라군은 별 전과 없이 퇴각하고 말았다. 이 출병은 전면전으로 확대되지는 않았지만, 북방의 발해와 남방의 신라가 정면으로 충돌한 최초의 사건이었다.

신라는 이 원정에 대한 대가로 735년 당으로부터 대동강 이남의 영유권을 정식으로 승인받았다.* 648년의 영토 협약을 거의 1세기가 흐른 후에 이행했던 것이다. 당의 공인 이후 신라의 대동강 선 진출

＊ 당의 신라 정책 | 당은 고구려를 치기 위해 나·당 동맹을 맺었지만 나·당 전쟁 중에 신라의 문무왕을 인정하지 않았다. 그러나 당은 발해가 건국되자 이를 견제하기 위해 713년 신라 성덕왕에게 '표기장군' 등의 관작을 주며 대우했다. 또한 신라가 발해의 남부를 공격한 후에는 성덕왕에게 관작을 더 얹어 주었다. 주변국의 권익을 철저히 무시하다가도 필요할 때는 대우하는 국가 사이의 이해 관계가 여실히 드러나는 대목이다.

[지도 2-18] 당의 협약 이행과 신라의 대동강선 확보

말 갈

정평

735년 당의 공인

영흥

676년 나당전쟁 직후

철관성

비열흘

상원

덕곡성

동 해

중화

자비령

장새

황주

오곡성

신계

황 해

휴암성

평산

한성

지성

연안

임진강

송악

신 라

하슬라

🏠 748년 군현 설치 지역
🏠 762년 군태수 파견 지역

은 활발해졌다. 748년 대동강—예성강 사이 지대에 14개의 군현을 설치했고, 762년에는 이 지역에 성을 쌓고 태수들을 파견하였다.

대동강 선으로 진출하기 위해 전략적으로 중요한 선은 멸악산맥 선이었다. 이 선을 통과하는 자비령 남쪽의 서흥—봉산 축선은 고구 려와 백제가 대결할 때 상대를 공격하기 위한 통로로 이용되었다. 나·당 전쟁기에도 같은 역할을 했다. 이곳의 중요성을 인식한 신라 도 782년까지 이 선의 길목인 황해도 봉산에 패강진을 설치했다.

패강진은 멸악산맥 북쪽의 은율, 안악 일대로부터 서해안의 장연, 백령도, 황해도 남해안의 옹진, 강령 일대를 거느렸다. 패강진은 신 라의 행정 구역인 9주나 5소경과 대등하게 편성된 별도의 군사적 통 치 거점이었고, 한강 유역에 버금갈 정도의 중요성을 가지게 되었다.

9세기 초 발해는 고구려의 옛 땅을 대부분 차지하는 전성기를 맞 이하여 해동성국이라 불릴 만큼 전성기를 구가하고 있었다. 동시에 발해의 남진도 가속화되고 있었다. 발해는 먼저 청천강 이북—함흥 선으로 진출했다. 이후 발해는 대동강 이북의 여러 부락들을 공략해 군과 읍을 설치했다. 동해안에서는 이하泥河를 경계로 신라와 국경을 접하게 되었다.

발해의 남진에 위협을 느낀 신라는 패강진의 방어를 더욱 강화했 다. 그러나 황해도 일대의 지배가 이미 확고한 상황에서 신라의 주 방어선이 더 이상 패강진 중심의 멸악산맥에 머물 수는 없었다. 적어 도 패강진 이북의 대동강 선을 확고히 지켜야 했다. 이를 위해 신라 는 826년 대동강 남쪽 연안에 300여 리의 장성을 구축했다. 이로써 통일 전쟁을 통해 얻으려 했던 대동강 선을 확실한 영토로 확정지을 수 있었다. 그 이북은 발해와의 변경 지대였다.

[지도 2-19] 8~9세기 발해, 신라의 대치와 패강진

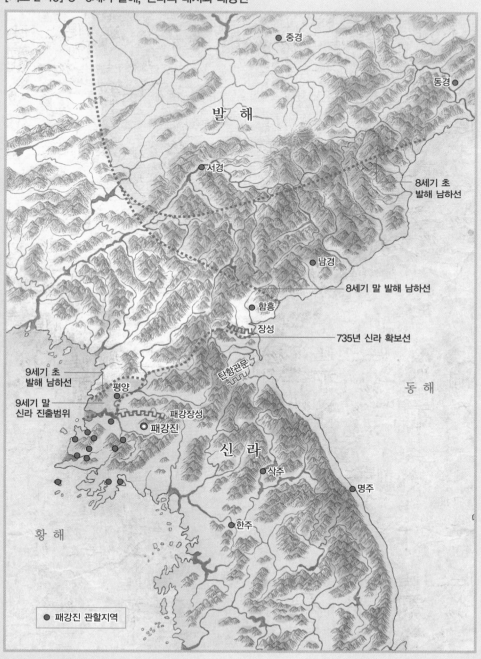

중경

동경

발 해

서경

8세기 초
발해 남하선

남경

8세기 말 발해 남하선

함흥

장성

735년 신라 확보선

9세기 초
발해 남하선

평양

탄항관문

동 해

9세기 말
신라 진출범위

패강장성

패강진

신 라

삭주

명주

황 해

한주

● 패강진 관할지역

발해와 신라의 교류

발해와 신라는 대체적으로 우호 관계를 유지하고 있었다. 733년 신라가 당의 요청으로 발해를 공격했던 사건으로 인해 양국의 대립이 첨예했던 적은 있었지만, 이후 별다른 충돌은 없었다. 양국은 한반도 서북부에서는 대동강 선, 동북부에서는 이하泥河 선을 경계로 유지하는 데 만족했다. 오히려 발해와 신라는 서로 교류하는 방향으로 관계를 개선하고자 했다.

발해와 신라의 긴밀한 교류는 발해의 교통로 중의 하나였던 신라도新羅道를 통해 알 수 있다. 발해 사신이 신라로 출발하는 지점은 동경 용원부였다. 이곳에서 동해안의 북청을 거쳐 신라의 덕원에 이르는 길에 39개 역이 설치되었다. 이 루트가 이른바 신라도로 불리면서 외교 교섭과 무역로로 이용되었다. 훈춘에서 포세트만의 크라스키노 Kraskino를 거쳐 동해를 통해 경주로 들어가는 경우도 있었다. 서경 압록부의 환주에서 출발해 만포를 거쳐 신라 서북부로 통하는 길도 운영되었다.

남북국 시대라 불리는 신라와 발해의 공존기는 7세기 후반 이래 200여 년 동안 지속되었다. 남북국 시대는 영토사적 측면에서 볼 때 평화 공존의 시대로, 바로 이전의 삼국 시대가 영토 전쟁으로 점철되었던 시대임을 감안하면, 양국이 경계를 마주하고 있으면서도 가장 평화로웠던 시대라고 할 수 있다.

그간 발해와 신라는 적대적인 관계였다는 인식이 팽배해 있었다. 사실 발해와 신라는 거의 충돌하지 않았고, 오히려 신라도를 통해 교류가 활발했다. 그럼에도 불구하고 발해와 신라의 관계를 적대적으로 인식하게 된 것은 일제 식민 사학이 남긴 영향이 작용했기 때문이다. 일제 관학자들은 발해와 신라의 연결 고리를 끊음으로써 남북국 시대의 한민족 영역권을 신라 영토로 한정시키려 했다. 대신 일본과 발해의 친선 관계를 강조하기도 하고, 심지어는 발해가 일본의 속국 이었다고 주장하기도 했다.

발해의 역사는 1차적으로 일제 식민 사학에 의해 왜곡되었다. 그리고 현재는 중국의 동북 공정에 의해 2차적인 왜곡을 겪고 있다. 중국은 이미 발해사를 중국사로 편입했고, 유네스코 세계 문화 유산에 발해 유적을 등록하기 위해 대대적인 복원 작업을 하면서 중국식 건축으로 조성하고 있다.

후삼국의 성립과 발해의 쇠퇴

후백제와 후고구려의 건국

9세기 때부터 신라는 왕위 계승을 둘러싼 귀족들 사이의 권력 투쟁으로 중앙 정부의 지배력이 약화되고 있었다. 중앙에서 소외된 왕족, 주요 군사 기지의 장군, 해상 무역 세력, 촌주 등이 자신의 근거지를 중심으로 독립적으로 통치하기 시작했다. 이들을 호족이라 부른다. 9세기 말경 신라의 혼란이 극에 달하면서 호족들의 군웅 할거 시대가 열렸다.

그 중에서도 먼저 두각을 나타낸 인물은 견훤이었다. 그는 상주의 호족 출신으로 고향에서 데려간 사병들과 서남해 군사 기지의 군사들, 해상 무역 종사자들을 모아 세력을 확대했다. 견훤은 서남 지역의 여러 주현을 공격해 차지했고, 889년 노령산맥 이남의 중심지였던 무진주를 점령했다.

무진주를 기반으로 한 견훤은 보성, 순천 방면을 공략하여 노령산맥 이남과 소백산맥－섬진강 선의 이서 지역을 지배하게 되었다. 견훤은 지형적 방패막이가 어느 정도 확보되자, 새로운 나라를 건국하고자 했다. 이 지역 사람들의 호응을 끌어내기 위해서는 백제의 부활을 내세우는 것보다 더 좋은 명분이 없었다.

견훤은 백제의 부활을 내세우면서 노령산맥 이북, 금강 이남의 평야 지대를 확보하였다. 이 지역까지 세력이 미치게 되자 견훤은 900년에 서남쪽으로 치우친 무진주에서 완산주로 수도를 옮겼다. 900년 견훤은 이곳에서 백제왕을 자처하면서 후백제를 건국했다. 이후 후백제는 금강의 중하류를 넘어 세력을 확대했고, 웅진 천도 직후의 백제와 유사한 영토를 확보하게 되었다.*

견훤이 한반도 서남부에서 후백제를 건국하고 있을 무렵, 한반도 중부에서는 궁예가 성장하고 있었다. 궁예는 몰락한 신라 왕족으로 영월 세달사에서 승려 생활을 하다가 원주, 명주 지역을 기반으로 강원도 남서부 일대에서 세력을 키웠다.

＊ 후삼국 왕들의 혼인 정책에 대한 오해 | 흔히 고려의 왕건이 호족들의 딸과 혼인을 맺어 호족을 끌어들이는 데 앞섰다고 이해하고 있다. 그러나 혼인은 호족들을 묶어두는 효과적인 장치였던만큼 왕건만의 전유물은 아니었다. 견훤도 일찍부터 무진주 북촌의 호족 딸과 혼인한 것을 비롯하여 승주의 박영규, 무주의 지훤, 나주의 오씨, 전주 호족 등 수많은 호족과 혼인 관계를 맺었다. 후백제의 급속한 성장에는 이러한 뒷받침이 있었던 것이다.

발해

동 해

중성 ● ● 평양

후고구려

패강진 ● ● 평산

철원 ●

임진강

송악 ● 삭주 ●

혈구 ● 한강

명주 ●

한주 ●

황 해

당성 ●

괴양 ● 중원 ● 울진 ●

서원 ● 북원 ●

운주 ● 상주 ●

웅주 ● 금강

신 라

완산주 ● 금성 ●

후백제

무진주 ● 섬진강

나주 ●

궁예는 임진강－한강의 사이에서 세력을 확장해 임진강 북쪽을 압박했다. 이는 예성강 서쪽의 호족들에게도 커다란 위협이 되었다. 이 방면의 호족들은 궁예와 협조해 자신의 지배력을 보존하는 쪽을 택했다. 평주의 대호족 박지윤이 먼저 항복해 왔고, 임진강 이서 황해도 일대의 여러 세력들이 복속했다. 계속 버티던 임진강 유역의 여러 호족들도 곧 정복당했다. 이로써 궁예는 임진강－예성강 일대를 손에 넣게 되었다.

　그런데 임진강－예성강 하구는 한강 하구와 마주한 곳으로 안정적인 성장을 위해서는 한강 유역의 장악이 필수적이었다. 궁예가 한강 하류를 장악한 후, 한강 상류로 진출하기 위해 광주를 차지하자 중원경－서원경, 괴양 일대의 세력들이 항복해 왔다. 경기 남부에서는 당성을 확보해 당으로 가는 항구를 차지했다. 이로써 아산만－소백산맥 선을 경계로 한반도의 중부 일대가 모두 그의 세력권으로 들어갔다. 이후 궁예는 송악으로 천도하고, 901년 후고구려를 세웠다. 궁예는 고구려를 멸망시킨 원수를 갚겠다는 명분을 내세웠다. 견훤이 후백제를 건국한 명분과 같았다.

　900년과 901년에 건국된 후백제와 후고구려는 국경을 마주하게 되면서 격렬한 교전을 벌이게 되었다. 일반적으로 이 시기를 후삼국 시대로 부르지만, 신라는 이미 위축되어 경주 일대에서 가까스로 연명하고 있을 뿐이었다. 그러나 후백제와 후고구려가 쟁패하는 과정에서 가장 중요했던 것은 신라의 향방이었다. 두 나라는 모두 신라를 자신의 영향권에 넣고자 했고, 이는 후삼국 통일의 주도권을 장악하는 열쇠가 되었다.

발해의 멸망과 만주 상실

발해의 융성은 당과 돌궐의 세력 균형을 기반으로 한 것이었다. 그런데 두 세력이 모두 쇠퇴하면서 발해를 둘러싼 국제적 환경은 크게 불안해졌다. 907년 중국에서 당이 멸망하고 5대 10국의 혼란기가 시작되었다. 북방에서는 906년 야율아보기가 거란의 여러 부족을 통합하여 나라를 세우고, 중국 동북부의 여러 족속들을 복속시켰다.

하지만 거란은 주변의 족속들 중에서 유독 발해만을 복속시키지 못하고 있었다. 이는 거란이 서방 경략에 열중하여 발해 공략에는 적극적이지 않은 점도 있었지만, 동북아 강국이었던 발해는 수차례의 공략에도 끄덕하지 않았다. 하지만 거란이 중국 진출에 총력을 다할수록 배후의 발해는 커다란 부담으로 작용했다. 924년 6월 거란의 서방 정벌이 일단락되면서 발해와 거란의 전면전은 일촉즉발의 상황까지 치달았다.

925년 요동을 공략한 거란은 그대로 발해 정벌을 단행했다. 거란군이 부여부에 도착하자, 발해는 3만의 군사를 보내 대항했으나 농안 주변에서 격파당했다. 결국 926년 1월 3일 부여부는 함락당하고 말았다. 거란군은 6일 후에 발해의 수도인 홀한성을 포위했다. 홀한성은 거란의 공격을 버텨내지 못하고 항복했고, 발해의 애왕은 사로잡혔다. 고구려에 이어 만주를 지배했던 발해는 멸망을 고하게 되었다.

발해를 멸망시킨 거란은 홀한성에 동단국을 세웠다. 그러나 동단국 일대에서 발해 유민의 부흥 운동이 거세지자, 거란은 927년 동단국의 수도를 요양으로 옮겼다. 대신 상경 일대에는 후발해가 탄생했다. 발해 부흥 운동의 구심점이었던 후발해는 후당에 7차례나 사신을 보낼 정도로 외교 활동을 활발히 벌였다.

실 위

파림좌기

부여부

개로

통요

거 란

927년 동단국 요양으로 이동

요양

발 해

정 안 국

926년 발해 멸망,
거란 동단국 설치

927년 후발해 건국

상경

10세기 중엽
발해 유민에 의한 정안국 건국

동 해

고 려

황 해

후 당

신 라

후백제

고 려
복속지

[지도 2-21] 발해의 멸망과 부흥 운동

10세기 중엽에는 서경 압록부가 있던 압록강 중류에서도 발해 유민들이 정안국을 세웠다. 그러나 1003년 거란의 공격으로 후발해가 무너지면서 발해의 부흥 운동은 사실상 구심점을 잃게 되었다. 거란은 발해를 멸망시킨 자신들이 발해가 계승한 고구려 영토에 대한 연고권을 가지고 있다고 주장했다. 이는 후일 거란이 고려의 북진 정책이 자신들이 연고권을 지닌 고구려 영토에 대한 침탈이라는 명분을 내세우며 고려를 침공하는 배경이 되었다.

발해의 멸망으로 만주는 우리 역사의 무대에서 사실상 사라졌다. 그러나 발해의 역사, 문화에 대한 계승 의식은 만주에서 200여 년이나 지속되었으며, 발해의 명맥은 그 유민을 통해 고려로 계승되었다. 발해 유민들이 대거 고려로 내려오자, 고려는 이들을 받아들여 정착시켰다.

고구려 부흥을 내세웠던 고려가, 자신들과 마찬가지로 고구려 계승국을 자처했던 발해 유민들을 수용하는 것은 당연한 일이었다. 발해 유민은 고려의 지배층으로, 고려의 백성으로 흡수되었고, 이들을 통해 발해의 정통성은 한반도로 계승되었다. 발해의 멸망은 영토사에서는 만주의 상실을 가져왔으나, 그 정통성은 계속 이어진 것이다.

4. 압록강-두만강 시대

압록강은 백두산에서 발원하여 황해로 흘러들면서 한반도 서북부의 경계를 이룬다. 두만강은 백두산에서 발원하여 동해로 흘러들면서 한반도 동북부의 경계를 이룬다. 압록강-두만강 시대는 10세기부터 현재까지 1000여 년에 이른다. 압록강-두만강 선을 확보하기까지 500여 년이 소요되었고, 이후 이 선을 유지하여 오늘에 이르기까지 500여 년이 흘렀다. 국가로 보면, 고려, 조선, 대한제국, 대한민국이 속하는 시대이다.

고대의 치열했던 영토 전쟁이 끝난 후, 영토 확장은 확보하고자 하는 지역에 대한 역사적 연고권을 바탕으로 하여 전쟁을 치루거나 외교 논쟁을 통해서 이루어졌다. 압록강과 두만강 선은 고려 건국 이래 확보해야 할 경계선이었다. 이러한 인식에는 고대 한민족이 이 지역에 가진 연고권이 작용하고 있었다.

압록강은 고조선 때부터 요하와 더불어 중국 세력과의 대치선이었고, 더욱이 고구려의 수도 집안이 400여 년 동안 위치했던 곳이다. 고구려를 계승한 고려는 고구려 고토 수복을 국시로 내걸고 무엇보다 고구려의 내강內江이었던 압록강을 확보하고자 했다. 거란과 30년 전쟁을 치루고 난 후 고려는 압록강 하류 유역을 확보했고, 이후 고려 말-조선 초기에 이르러 압록강 전역을 확보했다.

두만강으로 진출하는 데도 오랜 기간이 소요되었다. 압록강이 중국 세력과의 대치선이었다면, 두만강은 말갈족이나 여진족 같은 북방 세력과

압록강-두만강 시대의 주요 수계

의 대치선이었다. 12세기 고려가 대대적인 여진 정벌을 단행하여 두만강 너머에 공험진을 설치한 것은, 두만강 일대에 대한 연고권을 마련하는 데 결정적인 사건이었다. 이 연고권은 이후 한민족이 중국 세력이나 북방 세력과 한반도 동북부 경계를 다툴 때마다 가장 유력한 근거가 되었다.

15세기에 4군 6진이 설치됨으로써 한반도 북방 경계는 압록강–두만강 선으로 일단락 지어졌다. 그러나 조선 시대 사람들은 자신들의 영토가 압록강–두만강 이남에 국한된다고 생각지 않았다. 고구려, 발해의 만주 영유권이 작용하여 자신들의 영토를 '만여 리'로 표현했다. 폐쇄적이라 비판받는 조선 시대의 영토 인식이 사실은 현재 우리의 영토 인식보다 훨씬 넓었던 것이다.

1 고려의 북진과 천리장성 선

후삼국 통일과 대령강 진출

918년 왕건은 궁예를 축출하고 즉위하여 국호를 고려라 했다. 왕건의 당면 과제는 후삼국의 통일이었다. 신라가 이미 무력해져 있었기 때문에 후삼국 통일은 고려와 후백제 사이의 쟁패를 통해 이루어졌다. 왕건 즉위 후 7~8년 동안은 후백제와 평화가 유지되고 있었지만, 견훤이 고려를 공격한 이후 두 나라의 전쟁은 본격적으로 시작되어 10여 년 동안 쉼 없이 계속되었다.

고려가 후백제와의 전쟁에서 승기를 잡은 것은 929년 안동 고창군

[지도 2-22] 고려의 후삼국 통일

서경

동 해

고 려

개경

황 해

청주 일모산성 전투(932)

안동 고창군 전투(929)

상주

홍성 운주 전투(933)

선산 일리천 전투(936)

후백제

신 라

낙동강

경주
경순왕
고려 귀부(935)

김제
견훤 고려에
귀부(935)

나주

진주

영산강

고 려

전투에서 승리하면서부터였다. 충청도 중부에서는 일모산성 전투에서 승리하여 유리한 입지를 확보했다. 후백제와의 전쟁에서 고려가 유리한 고지를 확보하자, 그간 친고려 정책을 펴던 신라 경순왕은 935년 고려에 귀부했다. 신라의 고려 귀부는 대고려 정책을 두고 후백제의 내분을 초래하여, 견훤의 아들 신검이 견훤을 금산사에 유폐하고 왕위에 오르는 정변이 일어났다. 견훤은 고려의 영역인 금성으로 탈출하여 왕건에게 귀부했다. 936년 고려와 후백제는 선산 일리천에서 마지막 전투를 벌였고, 이 전투에서 고려가 승리함으로써 50여 년에 걸친 후삼국의 분열은 종말을 고했다.

고려의 후삼국 통일은 신라의 삼국 통일과는 또 다른 의미가 있었다. 신라의 삼국 통일은 당을 끌어들인 가운데 진행되어 고구려 영토의 태반을 상실하여 영토 확보에서는 한계가 있었다. 그러나 고려의 후삼국 통일은 외세의 간여 없이 전개되어 후삼국의 영토를 모두 확보할 수 있었고, 이를 토대로 북방으로의 영토 확장에 전념할 수 있었다.

고려의 북방으로의 영토 확장은 왕건의 출신으로 볼 때 예고되어 있었다. 궁예가 신라 왕족 출신으로 명주(강릉)와 청주 지역을 세력 기반으로 했던 데 반해, 왕건은 황해도 지역을 기반으로 하는 호족 출신이었다. 왕건의 즉위는 고구려 멸망 이래 북방 출신이 한반도 주도권을 다시 장악한 것이었다.

고려 건국 당시 고려의 서북부 지역의 경계는 대동강에 미치지 못하고 있었다. 통일 신라는 패강진을 설치하면서 대동강 이북 지역으로 진출했으나 국력이 위축되면서 통치력을 행사하지 못했고, 후삼국의 혼란 속에서 대동강 일대는 폐허화되어 있었다. 하지만 왕건이

[지도 2-23] 고려의 영토 확장

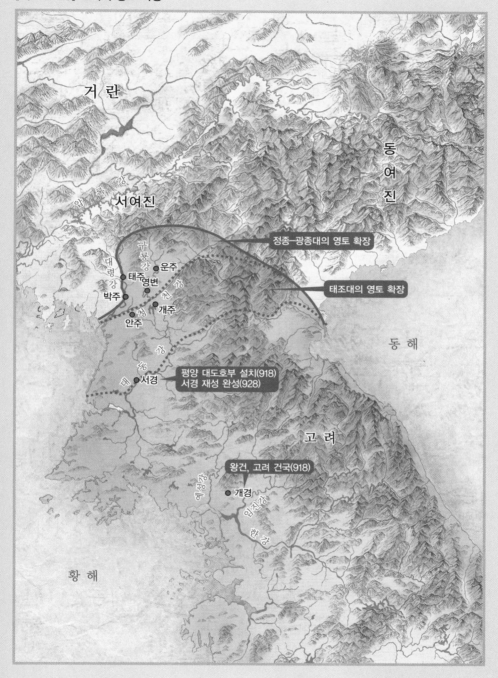

거 란

동 여 진

서여진

정종·광종대의 영토 확장

태조대의 영토 확장

운주
태주 영변
박주
개주
안주

대령강
구룡강

동 해

평양 대도호부 설치(918)
서경 재성 완성(928)
서경

고 려

왕건, 고려 건국(918)
개경

황 해

한 강

즉위했을 무렵에는 당이 멸망하고 5대 10국의 혼란에 처해 있었고, 발해도 약화되어 있어 북방으로 영토를 확장할 수 있는 좋은 여건이 조성되어 있었다.

왕건이 북진 정책의 거점으로 삼은 곳은 대동강 중심 거점이자 고구려 수도였던 평양이었다. 왕건은 즉위한 해부터 평양의 중요성을 강조했다. 그는 즉위 원년인 918년에 평양을 대도호부로 삼았고 이듬해에는 서경으로 승격시켰다. 거의 매년 서경으로 행차하던 왕건은 서경으로 천도하고자 했으나 실현하지는 못했다.

서경을 개척함으로써 대동강 일대를 확보한 고려는 청천강 일대로 진출을 시도했다. 왕건은 청천강 이남의 요충인 안북부(안주)에 성을 쌓아 청천강 이남을 확보했다. 그리고 청천강 이북으로의 진출은 정종과 광종 때에 이루어졌다. 이 지역에는 여진이 거주하고 있었기 때문에 영토로 편입하기 위해서는 여진을 축출해야 했다.

여진은 고려 이전에는 말갈이라 불리던 종족이었으나, 948년 여진으로 불려진 이래 고려는 여진을 거주 위치에 따라 서여진, 동여진으로 구분하여 파악했다. 서여진은 압록강 연안을 중심으로 거주하고 있어 압록 여진 또는 해빈 여진이라 불렸고, 동여진은 함흥 지역부터 북으로 간도, 수분하 일대에 분포하고 있었다.

고려는 청천강 이북 일대의 서여진을 축출하면서 청천강, 대령강, 구룡강 연안을 따라 성을 구축했다. 청천강을 따라 개주·안융진에, 구룡강을 따라 영변·운주에, 대령강을 따라 태주·박주에 성을 쌓았다. 이로써 고려의 영토는 대령강 선까지 올라갔고 이후의 과제는 압록강 선으로의 진출이었다.

강동 6주 확보와 압록강 진출

고려 초기 대령강 선까지 영토 확장이 별다른 전쟁 없이 진척될 수 있었던 것은 당시 동북 아시아의 정세가 혼란했기 때문에 가능했다. 그러나 거란이 동북 아시아의 강대 세력으로 등장하면서 상황은 달라졌다. 거란은 발해를 멸망시킨 후 압록강 일대로 진출하려는 동진 정책을 폈고, 이는 압록강 일대로 진출하려는 고려의 북진 정책과 충돌하게 되었다.

왕건은 친발해 정책을 폈고, 발해를 멸망시킨 거란에 대한 적개심이 강했다. 왕건이 942년 거란이 보낸 사신을 귀양 보내고 낙타를 굶어 죽인 만부교 사건 이후 거란과의 외교 관계는 단절되었다. 거란은 만부교 사건이 있은 지 40여 년 만에 고려 정벌을 기치로 내걸고, 두 차례에 걸쳐 요동 지역의 여진 정벌을 단행하면서 압록강 연안에 이르렀다. 거란은 2차 요동 정벌에서 압록강 중상류 유역에 있던 발해 유민이 세운 정안국을 멸망시켰다.

이제 고려와 거란은 압록강을 사이에 두고 대치하게 되었다. 송의 정벌을 목전에 두고 있던 거란은 배후를 위협할 수 있는 고려를 제압할 필요가 있었다. 993년 거란이 압록강을 도하하면서 시작된 고려·거란 전쟁은 6차에 걸쳐 30여 년 동안 계속되었다.

거란의 1차 침입시 총사령관 소손녕은 실제로는 6만여 명 규모에 불과하면서도 80만 대군을 끌고 왔다고 으름장을 놓으면서 고려의 항복을 강권했다. 소손녕은 고려는 신라 영토를, 거란은 고구려 영토를 계승했기 때문에 고려가 한반도 서북부로 영토를 확장한 것은 거란 영토에 대한 침탈이라고 주장했다.

초기 전투에서 패배한 후 위축되어 있던 고려 정부에서는 아예 항

[지도 2-24] 10세기 말 고려의 북진과 거란의 남진

거 란

● 상경임황부

요　하

혼　하

태　자　하

● 동경요양부

정안국

압　록　강

985년 정안국 멸망

984년 거란의 1차 요동정벌
985년 거란의 2차 요동 정벌

고려의 북진

동 해

● 서경

황 해

● 개경

고 려

복하자는 항복론과 서경 이북의 땅을 떼어주자는 할지론이 대두했다. 고려는 회의 끝에 할지론을 택했다. 그러나 서희는 할지론을 반대하고 그 위험을 지적했다. 거란이 청천강 이북에 대한 연고권을 주장하고 있을 뿐인데 서경 이북을 할지할 필요는 없는 것이고, 또한 할지를 하면 거란이 고려가 차지하고 있는 고구려 땅 전체를 요구하게 될 것이라고 지적했다. 서희는 소손녕과의 회담에 나서 고려가 고구려를 계승한 국가임을 주장했다.

우리나라는 곧 고구려를 계승하였으니 그래서 국호를 고려라 하고 평양에 도읍한 것이다. 만약 땅의 경계를 논한다면 거란의 동경도 모두 우리 영토 안에 있는 것이니 어찌 침식이라고 하는가. 또한 압

[지도 2-26] 11세기 중엽 천리장성 완성

거란

동여진

보주
삭주
흥화
용주
평로진
영원
함흥
정평
금진천
도련포
영흥
원산

황해

고려

동해

금진천
성천강
함흥
장주
정주
정변진
도련포
선덕진
용흥강
원흥진
영흥(화주)
영흥만

〈천리장성 축조과정〉
─── 고려 초기의 동북부 경계
▪▪▪▪▪ 1차 천리장성 선
▪▪▪▪▪ 2차 천리장성 선
▪▪▪▪▪ 3차 천리장성 선

록강 내외도 우리 영토 안인데, 지금 여진이 그 사이를 훔쳐 차지하고 있으면서 사납게 거짓을 부리며 도로를 막고 있으니 통교의 길이 통하지 않는 것은 여진 때문이다.

서희는 문제가 되는 지역의 여진을 축출하고 나면 고려가 거란과 통교할 것이라고 제의했다. 소손녕은 서희의 협상 조건을 수용했다. 고려는 송과의 통교를 끊고 거란에 사대하고 거란은 압록강 이남 지역을 고려에 주어 양국 사이의 통교를 방해하는 여진을 축출하는 것으로 강화 회담은 타결되었다. 고려는 실리를 얻고 거란은 명분을 얻은 셈이었다. 양국은 압록강을 경계로 그 양편에 각기 성을 구축하여 교통로를 확보하기로 했다.

강화 회담을 통해 고려는 압록강 이남 280여 리를 취하게 되었다. 고려는 압록강 주변의 여진을 축출하고 장흥, 귀화, 곽주, 귀주, 안의진, 흥화진, 선주, 맹주 등지에 성을 쌓았다. 그리고 이 지역에 흥화, 용주, 통주, 철주, 귀주, 곽주의 이른바 강동 6주를 설치하여 행정 구역으로 편입시켰다. 고구려 계승의 연고권을 주장하여 거란을 설복시켜 강동 6주를 획득한 것은 한국 영토사에서 괄목할 만한 성과였다.*

강동 6주의 설치로 고려는 개국 이래 처음으로 국경이 압록강 하류에 이르게 되었다. 압록강은 고구려가 400여 년간 수도로 삼았던 집안의 내강内江으로 고구려 계승을 표방하여 북진 정책을 추진하던

＊ 서희의 국제 감각 | 서희가 소손녕과의 담판으로 강동 6주를 획득하는 성과를 낼 수 있었던 것은 국제 정세에 대한 감각이 뛰어났기 때문이다. 18세에 과거에 급제했고, 송에 사신으로 가기도 했던 서희는 문무를 겸비한 인물이었다. 당시 국제 정세와 관련하여 거란의 침공 의도를 정확한 파악하고 있었는데다가 거란군의 군사적 여건에 대한 식견이 있었기에 가능한 성과였다.

고려가 압록강 일대를 확보한 것은 중대한 의미가 있었다. 그러나 압록강 하류의 보주(의주)는 거란이 차지함으로써 압록강 일대의 방어선은 불안정한 상태로 남아 있었다.

2 윤관의 여진 정벌과 두만강 이북 진출

완안부의 공격과 9성 설치

고려가 거란의 침입을 경험하는 동안 가장 절실하게 느꼈던 것은 북방의 변경 지역 전체를 효과적으로 방어하기 위한 장성의 축조였다. 고려는 초기부터 서북부 지역의 군사적 요충지에 성을 구축해 오다가 거란과의 전쟁을 겪고 난 후 이들 성을 동북부로 연결하는 천리장성 축조를 본격적으로 진행했다.

고려 초기에 동북부 국경은 화주(영흥)에 이르러 있었다. 사실 고려의 북방 영토 개척이 용이한 지역은 서북부가 아니라 동북부였다. 한반도 서북부는 고려가 멸망할 때까지 압록강 하류 유역밖에는 진척되지 않았다. 이 지역이 거란, 금, 원 등의 강대 세력이 부상하면 곧바로 부딪치는 지역이었기 때문이다. 반면 동북부 지역은 이들 세력의 중심부로부터 멀리 떨어져 있었기 때문에 영토 확장이 용이했다.

1033년에 시작된 천리장성 축조 사업은 1055년에 이르러 완결되기까지 23여 년에 걸친 대공사였다. 천리장성은 압록강 하구의 서해

[지도 2-27] 천리장성 완성 이후 고려의 북진

거란

동
여
진

압록강

두만강

보주
용주

함흥
정평
도련포

고려의 귀순주 설치 지역

황해

고려

동해

안으로부터 시작하여 도련포를 통해 동해안에 이르렀다. 성의 총 길이는 1,000여 리로 석성이었으며 높이와 폭은 각각 25척이었다. 통일 신라의 동북부 경계는 원산만이었지만, 고려의 동북부 경계는 130여 년 만에 도련포로 북상했던 것이다.

천리장성 축조 후에는 천리장성 밖의 동여진을 귀순주 정책으로 편입하여 영토를 확장했다. 귀순주 정책이란 고려에 귀화한 여진 촌락에게 주명州名을 내려주고 여진 추장을 도령都領에 임명하여 자치주로 운영하게 한 정책이었다. 온건한 귀순주 정책은 매우 성공적이어서 동여진은 집단으로 고려에 이주했다. 여진이 고려의 주현이 되기를 청원하여 귀부한 규모는 총 3,208호에 이르렀고, 여진의 자치주는 두만강 이남에 이를 만큼 광범위하게 설치되었다.

그러나 여진의 고려 편입은 동여진 부족 사이의 갈등을 일으키게 했다. 여진의 신흥 세력으로 발흥하고 있던 완안부의 우야소는 동여진의 갈등을 틈타 천리장성 부근까지 진출했다. 완안부의 군대가 고려에 복속한 여진의 귀순주를 석권하고 정주 근처까지 진출하자, 고려는 그간에 펼쳐왔던 온건한 정책을 버리고 무력에 의한 강경책을 취하기 시작했다.

1104년 고려는 두 차례에 걸쳐 여진을 정벌하기 위해 군대를 보냈지만 모두 참패했다. 숙종은 패전을 설욕하기 위해 별무반別武班을 편성했다. 기병, 보병, 승군으로 편성된 별무반은 양반, 승려, 상인, 노예 등 여러 신분층을 망라한 말 그대로 특별 군대였다.

하지만 숙종은 여진 정벌의 뜻을 이루지 못하고 죽었고 뒤를 이은 예종대에 이르러 그 뜻이 단행되었다. 1107년 윤관을 도원수로, 오연총을 부원수로 편성된 17만 대군이 정평에서부터 수륙 양면으로 함흥평야 이북으로 진격했다. 고려군은 연전연승했다. 135개의 촌락을 무너뜨리고 5천여 명의 적군을 죽였으며 포로만도 5천여 명을 획득하는 대승을 거두었다.

윤관은 점령 지역에 함주, 영주, 웅주, 길주, 복주, 의주, 통태진, 숭녕진, 공험진을 설치했는데, 이를 9성이라 한다. 고려는 9성 지역에 6만 9천여 호의 주민을 이주시켰다. 그러나 힘들여 구축한 9성은 오래 유지되지 못했다. 생활 근거지를 빼앗긴 여진이 끈질기게 저항했고 길주와 공험진이 함락되기에 이르렀다. 윤관은 재차 정벌군을 이끌고 출정했으나 1여 년 동안 별다른 성과를 거두지 못했다.

여진은 9성 환부를 계속 요구해 왔고, 고려 또한 몇 년의 전쟁 준비와 수행으로 인한 막대한 물자와 인명 피해를 감당하기 어려운 형편이었다. 결국 1109년 9성의 환부를 결정하고 주둔한 군사와 백성을 철수시켰다. 이 전쟁으로 고려는 새로 개척한 땅에 설치한 9성을 여진에 돌려주었을 뿐만 아니라 모든 귀순주를 상실하고 말았다. 반면 고려군을 축출한 완안부는 세력을 더욱 확장하여 모든 여진 부족을 단합할 수 있었고 이러한 기반 위에서 금을 건국하게 되었다.

공험진과 선춘령비를 둘러싼 논쟁

윤관이 설치한 9성 중 가장 북방에 위치한 성은 공험진이었다. 공험진은 선춘령에 위치하고 있었는데, 윤관은 선춘령에 '고려지경高麗之境'이라는 네 글자를 새긴 비석을 세워 여진과 고려의 경계비로 삼았다. 현재 선춘령비의 위치가 논란이 되고 있다. 선춘령이 어디냐에 따라 공험진 위치가 달라지고, 공험진 위치에 따라 9성 범위가 달라지게 되어 윤관의 군대가 진출한 지역의 범위가 크게 달라진다.*

[지도 2-28] 선춘령비 위치에 따른 9성 설치 지역

9성 함흥평야 설치설

9성 선춘령 이남
설치설

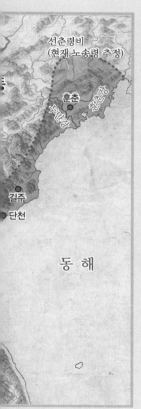

9성 길주 이남 설치설

[지도 2-29] 조선 고지도 상의 선춘령 위치

〈조선여진분계도朝鮮女眞分界圖〉, 18세기 중기, 서울대학교 규장각 소장.

18세기 중기 조선의 고지도에도 '선춘령'과 고려경高麗境은 두만강 훨씬 북쪽에 위치하고 있다.

일제 강점기의 일본 학자들은 9성이 함흥평야에 설치되었고 따라서 공험진도 함흥평야 안에 설치되었다고 주장했다. 이 설에 의하면 윤관이 개척한 동북부의 범위는 함흥평야에 한정되고 있다. 당시 고려의 국력으로는 동북부 영토가 천리장성을 넘지 못했을 것이라는 선입견이 전제되어 있었다.

그러나 이 설에는 여러 가지 맹점이 있다. 윤관이 이끈 17만 군대는 함흥평야 일대를 정벌하기 위해 파병된 규모로는 너무 대규모였다. 또한 윤관이 9성 지역에 이주시킨 주민 규모가 6만 9천여 호에 이르고 있었는데, 이만한 규모가 함흥평야 일대에 한정될 수는 없다는 것이다. 게다가 귀순주 정책을 통한 고려의 여진 자치주 설치 범위가 이미 두만강 이남에 이르고 있었음을 감안할 때 윤관이 진출한 지역이 함흥평야 일대에 국한될 수 없다는 것이다.

일본 학자들이 함흥평야 9성 설치설을 주장할 때 가장 취약한 것은 신라 진흥왕 순수비의 하나인 황초령비의 존재였다. 그들이 함흥평야 9성 설치설을 주장하고 있던 시기에 진흥왕 순수비는 북한산비, 창녕비, 황초령비 3개만 발견되어 있었다. 이 중에서 황초령비는 함흥평야 북쪽에 위치하고 있어 이미 진흥왕대 신라의 영토가 함흥평야를 넘어섰다는 사실을 증명하고 있었다. 이는 고려의 동북부 국경이 천리장성을 넘지 못했을 것이라는 그들의 전제와는 합치되지 않고 있었다. 이에 일본 학자들은 황초령비는 진흥왕 순수비가 아니

※ **선춘령비의 발견** | 선춘령비는 조선 초기까지 발견되지 않고 있었다. 두만강 일대에 6진 개척을 추진하던 세종은 1439년 김종서에게 선춘령비를 찾을 것을 명했다. 선춘령비의 발견 기사는 『세종실록』「지리지」에 나오는데, 야인들이 비석에 새겨진 글자를 깎아버렸지만 그 밑은 파니까 '고려지경高麗之境'이라는 네 글자가 있었다는 기록이 실려 있다.

라 윤관이 함흥평야 일대의 연고권을 내세우기 위해 조작한 비라고 주장했다.

그러나 1928년에 황초령비보다 340리나 북쪽에 위치한 4번째 진흥왕 순수비인 마운령비가 발견되어 진흥왕대 신라 영토가 마운령까지 이르렀다는 사실이 확정되었다. 이로써 일본 학자들이 주장하던 윤관의 황초령비 조작설은 무너졌고, 신라의 동북부 진출선과 고려의 동북부 진출선은 훨씬 북상하게 되었다. 마운령비의 발견은 윤관의 선춘령비 비정과 관련하여 그 역사적 의의가 매우 컸다. 조선 후기 실학자들 중에는 9성이 길주 이남에 설치되었다고 보는 학자들이 있었는데, 이는 마운령비를 윤관이 세운 선춘령비로 잘못 비정했기 때문이다.

후대에 와서 공험진 위치를 두고 논란이 되었으나, 정작 고려와 조선 시대 동안 공험진의 위치에 대한 국가의 공식적인 입장은 '두만강 북쪽 700리'였다. 고려 말 조선 초기에 두만강 일대를 두고 명과 치열한 영토 논쟁이 벌어졌을 때, 고려와 조선은 두만강 일대의 역사적 연고권으로 윤관의 9성 설치 때 공험진이 두만강 북쪽 700리에 설치되었다는 사실을 제시했고, 명이 승복함으로써 명과의 전쟁 없이 두만강 일대를 영토로 편입할 수 있었다. 이러한 역사적 사실들이 고려 말 조선 초기의 역사서들에 기록되어 있었지만, 일본 학자들은 이러한 기록들도 모두 날조라고 매도했다.

윤관의 9성은 함흥에서 두만강에 이르는 해안 평야를 따라 설치되고 가장 최북방에 있던 선춘령의 공험진은 두만강 하류, 훈춘강, 연해주 일대, 북으로는 수분하 일대의 여진 부족을 아우르기 위해 설치되었을 것이다. 선춘령은 현재 간도의 수분하 상류 노송령일 것으로 추정된다. 윤관이 세운 선춘령비는 고려가 확보한 동북부 영토의 경계였고, 고려 말과 조선 초기에 두만강 유역 진출의 역사적 연고권으로 작용했다.

보주를 둘러싼 금과의 분쟁

고려에게 9성을 돌려받을 만큼 세력이 확대되고 있던 여진은 12세기 초엽에 이르러 완안부 우야소의 동생 아골타가 부족을 통일하고 금을 세웠다. 그간 거란에 복속되어 있었던 여진은 금을 세운 후 거란과 대립했고, 1116년 압록강 하류의 보주에서 충돌했다.

보주는 고려에게 서북부 방어의 요충지였지만, 거란이 차지한 후에는 되돌려 받지 못하고 있었다. 고려는 보주성이 금의 공격을 받아 식량이 고갈되었다는 소식을 접하자, 보주 탈환의 기회라고 여기고 금에 사신을 보내 보주가 고려의 소유임을 주지시켰다. 다행히 금은 보주 소유 의사가 없었고, 이듬해 금의 공격을 받은 거란군이 보주성을 비우고 도망가자 고려는 즉각 군대를 파견해 보주성을 장악했다.

고려가 보주를 확보하고 난 후 10여 년 동안 금의 세력은 더욱 확장되었다. 금은 거란을 멸망시켰을 뿐 아니라 송의 수도 개봉을 함락시키고 송의 두 황제를 포로로 잡아갔다. 금은 고려에도 압박을 가하여 군신 관계를 맺을 것을 강요했다. 고려 정부에서는 금의 요구에 대한 찬반론이 분분했으나, 강력한 금에 대항하기보다는 평화 관계를 유지하는 것이 유리하다고 판단하여 금의 요구를 승낙했다.

그런데 1126년 금과의 통교가 시작되자 금은 보주 문제를 거론했다. 이후 보주는 금과 고려 사이에 4년 동안 8차례의 사신이 왕래하는 외교 현안으로 등장했다. 금은 보주가 거란의 영토였던 만큼 거란

[지도 2-30] 12세기 초 금의 흥기와 고려의 보주 확보

몽 고

송 화 강

금

1115년 여진 아골타 금 건국
1124년 금, 거란 멸망시킴
1125년 금, 송 공격

요

하

태자하

동경

보주

1116년 거란과 금 보주에서 충돌
1117년 고려, 보주성 확보
1130년 금, 고려의 보주 영유권 인정

서경

동 해

고 려

개경

황 해

남 송

1127년 남송건국

일 본

[지도 2-31] 조선 고지도로 본 의주(보주)의 모습

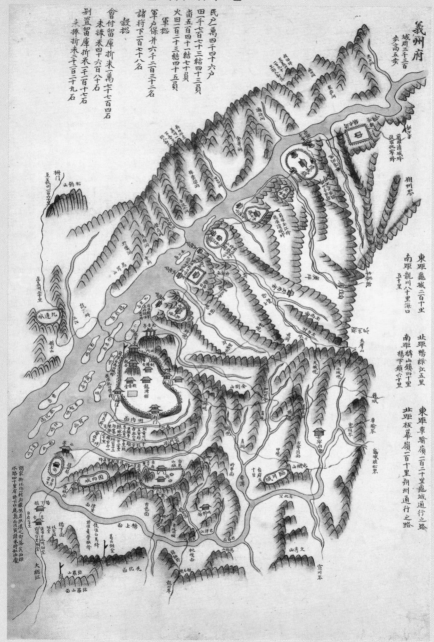

〈의주부義州府〉(『해동지도海東地圖』), 18세기 중기, 서울대학교 규장각 소장.
의주(보주)가 교통의 요충임을 보여주는 물길과 뭍길이 잘 그려져 있다.

의 영토를 차지한 금이 승계해야 한다며 반환할 것을 요구했다. 고려로서는 "보주는 원래 고려의 땅으로 잠시 거란에 의해 침탈당했지만 부왕 예종 때 하늘의 도움을 받아 다시 돌려받게 되었다"는 입장이었다.

그러나 고려는 이미 금과 친선 관계를 맺기로 한 이상 보주 문제로 발생하는 분란을 피하기로 했다. 고려는 금에 대해 보주 소유를 인정해 준 데 대한 감사와 충성을 다짐하는 글을 보냈다. 이후 보주 문제는 거론되지 않았고, 보주가 편입됨으로써 압록강 하류 이남의 전역이 고려 영토가 되었다.*

3 공민왕의 영토 확장과 강계–갑산–길주 선

원의 침략과 영토 축소

13세기에 접어들면서 금이 쇠퇴하고 원이 신흥 세력으로 부상했다. 원의 흥기는 이전의 거란이나 금과는 비교할 수 없을 정도로 고려에 커다란 파장을 몰고 왔다. 고려는 거란군을 쫓아 고려 영내에 들어온 원의 군대와 처음 접촉했다. 평양 인근의 강동성에 쳐들어온

★ 의주와 신의주 | 보주는 의주의 옛 이름이다. 보주를 둘러싼 거란·금과의 분쟁에서 나타나는 것처럼, 의주는 대륙과 한반도를 잇는 요충지였다. 조선 시대에 의주와 한양을 잇는 의주로는 조선 6대 도로 중에 제1도로로 꼽혔다. 그러나 일제가 경의선을 부설할 때 압록강 철교를 신의주를 통해 단동으로 연결시키면서 이후 신의주가 중요해졌다.

거란군을 고려와 원이 협공하여 함락시켰고 이후 원은 은인으로 자처하여 매년 고려로부터 공물을 취해 갔다. 그 요구가 지나쳐서 고려가 불응하는 일이 있었고, 원의 사신이 고려로부터 귀국 도중에 살해당한 일을 구실로 원의 침략이 시작되었다.

1231년 1차 침략 이후 1259년 6차 침략에 이르기까지 30여 년 동안 고려 전역은 전쟁터가 되었다. 원의 침략은 어떤 북방 민족의 침략보다 고려에 극심한 피해를 주었다. 원의 1차 침략 때 개경 방어가 어렵다고 판단한 고려 정부는 강화도로 천도하여 항전 태세를 갖추었다. 본토에서의 대응 전략은 지역 주민들을 산성이나 섬으로 피신시키는 것이었고, 고려 백성들은 정부의 공식적인 방위력이 거의 가동되지 못한 상태에서 자위적 차원에서 항쟁해야 했다.

게다가 기존 북방 민족의 침입로가 서북부 지역에 한정되어 있었던 데 반해 원의 침입로는 한반도 전역에 미치고 있었다. 고려의 서북부, 동북부는 말할 것도 없고, 충청도, 전라도, 경상도 내륙과 해안 지역 등 한반도 전역으로 진출하여 전쟁터로 만들었다. 특히 4차 침입시에 몽고군의 살육은 극에 달해서 포로로 잡혀간 자만도 20만여 명에 이르렀다.

고려는 원과의 전쟁 중에 그리고 이후의 원 간섭기에 영토의 상당 부분을 빼앗겼다. 원에게 빼앗긴 영토는 동북부 지역의 철령 이북과 서북부 지역의 자비령 이북, 그리고 제주도였다. 원은 철령 이북에는 쌍성 총관부를, 자비령 이북에는 동녕부를, 제주도에는 탐라 총관부를 설치하여 직할령으로 삼았다.

철령 이북의 상실은 원과 전쟁하는 가운데 일어났다. 원과의 전쟁이 장기화되면서 고려 동북면 토호 가운데 원에 투항하는 자들이 나

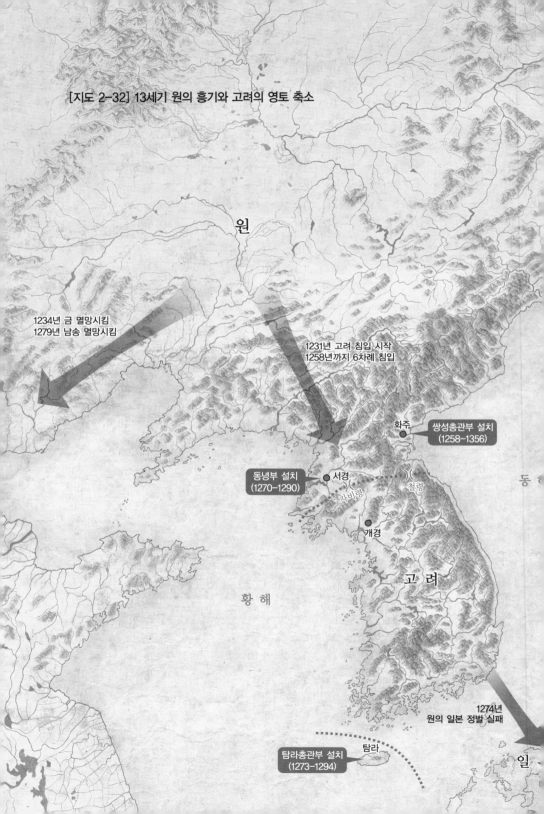

[지도 2-32] 13세기 원의 흥기와 고려의 영토 축소

원

1234년 금 멸망시킴
1279년 남송 멸망시킴

1231년 고려 침입 시작
1258년까지 6차례 침입

화주

쌍성총관부 설치
(1258–1356)

동녕부 설치
(1270–1290)

서경

자비령

철령

동

개경

고 려

황 해

1274년
원의 일본 정벌 실패

탐라총관부 설치
(1273–1294)

탐라

일

타나기 시작했다. 원의 6차 침입이 있던 1258년 원의 군대가 명주까지 남진하면서 고려 동북면의 방어 체계가 와해되었다. 이때 동북면의 토호였던 조휘와 탁청 등이 화주 이북 15주를 들고 원에 귀부했고, 원은 이 지역에 쌍성 총관부를 설치했다.

쌍성은 화주를 일컬으며, 쌍성 총관부의 주요 관할 지역은 함흥 일대로 남쪽 경계는 철령이었다. 쌍성 총관부가 설치된 지 30년 만인 1287년 원과의 관계가 우호적으로 변하자 고려는 쌍성 총관부의 반환을 요구했다. 원은 쌍성 총관부의 일부를 고려에 환부했는데, 환부된 지역은 화주 이남에서 철령까지였다. 화주 이북 지역은 여전히 원의 관할 아래 있었다.

자비령 이북의 상실은 고려에서 일어난 정쟁에서 비롯되었다. 1269년 임연이 원종을 폐위하는 난을 일으키자, 서북면 토호 최탄 등이 임연을 토벌한다는 명분을 내세워 중앙 정부에 반기를 들었다. 최탄이 서경을 장악하자 서북면의 성들이 모두 그의 세력 아래 들어갔다. 이듬해 최탄은 서경을 비롯한 북계의 54성과 자비령 이북의 서해도 6성을 포함하는 60여 성을 가지고 원에 귀부했고, 원은 서경에 동녕부를 설치했다.

고려는 곧바로 동녕부에 대한 환부 교섭을 시작했지만, 20여 년 후인 1290년에야 동녕부가 폐지됨으로써 자비령 이북 지역을 되찾을 수 있었다. 동녕부와 쌍성 총관부가 공존했던 시기의 고려 영토는 자비령 이남, 철령 이남으로 국한되어 나·당 전쟁 직후의 통일 신라 영토와 비슷한 상태가 되었다.

제주도는 삼별초가 대원 항전을 일으킨 결과 상실되었다. 원과 강화가 성립되자 대원 항전의 중심 부대였던 삼별초는 강화에 반대하여 난을 일으켰다. 삼별초는 항구적인 근거지를 마련하기 위해 진도로 남하했다가 진도가 함락되자 다시 제주도로 들어가 3년 넘게 저항했다. 원은 1273년 제주도에 있던 삼별초를 토벌한 후 탐라 총관부를 설치하고 목마장을 설치했다. 고려의 계속된 반환 요청이 있자 원은 1294년에 돌려주었으나 1362년 목호의 난이 일어나자 다시 직할령으로 삼았다가 5년 후에야 고려에 완전히 귀속되었다.

영토 탈환과 강계-갑산-길주 선 진출

세계 역사상 가장 큰 제국을 건설한 원도 14세기 후반에는 쇠퇴의 길로 들어서고 있었다. 명이 흥기했고 홍건적이 각처에서 발호하고 있었다. 고려에서는 공민왕이 즉위하여 원·명 교체의 변동을 타고 원의 지배에서 벗어나고자 하는 반원 정책을 폈다.

공민왕은 원과의 연락 기관이던 정동행성을 철폐하는 것으로부터 반원 정책을 시작하여 부원파를 제거하고 고려의 옛 관제를 복구했다. 그의 반원 정책 가운데 가장 돋보이는 것은 북진 정책이었다. 당시의 정세는 원의 압박, 홍건적의 침입, 왜구의 창궐, 정변의 연속 등 혼란이 연속되고 있었으나, 공민왕은 잃어버린 영토를 탈환하기 위한 노력을 기울였다. 아울러 공민왕은 원에 상실한 영토를 수복하는 데 그치지 않고 북방에서 나타난 힘의 공백을 이용하여 영토 확장을 시도했다.

1356년은 공민왕의 북진 정책이 시작되는 해로서 공민왕은 부원파 기철 일당의 근거지를 소탕하기 위해 인당을 보내 압록강을 건너 요양에 이르는 동팔첨을 점령했다. 동시에 쌍성 총관부를 탈환하기 위해 유인우를 화주로 보냈다. 그러나 고려군은 쌍성 총관부를 쉽게

[지도 2-33] 원·명 교체기 고려의 영토 확장

원 · 명 교체기

1364 주원장 오왕을 칭함
1368 주원장 명 건국, 원 멸망

요하

태자하

백두산

요양

압록강

위원

강계

갑산

길주

공민왕대 확보한 영토

화주

서경

차비령

철령

개경

동 해

황 해

고 려

일 본

함락시키지 못하고 있었다.

당시 쌍성 총관부를 관할하는 세력은 조씨와 이씨의 두 집안이었다. 쌍성총관은 조휘의 후손들이 세습했고, 이씨 집안은 천호와 다루가치를 겸하면서 세습하고 있었다. 이씨 집안은 이성계의 선조 집안으로 두만강 중류 유역에서 함흥으로 근거지를 옮겨온 이래 조씨 가문과 혼인을 맺고 있었다.

그러나 원의 세력이 약화되고 쌍성 총관부를 탈환하기 위해 고려 군대가 왔을 때는 두 집안의 입장이 달랐다. 이자춘은 고려 군대를 도와 쌍성 총관부 공격에 큰 공을 세웠으나, 조소생은 만주로 도망하여 원의 잔여 세력인 나하추를 끌어들여 쌍성 총관부를 탈환하려 했다.

나하추의 군대는 고려를 계속 공격했으나 이자춘의 아들 이성계에 의해 모두 격퇴되었다. 이성계는 원의 잔여 세력을 격퇴하여 고려의 동북부 국경선을 북상시키는 데 결정적인 역할을 한 인물이었다.*
1364년 삼선과 삼개의 부대를 격파하여 고려의 동북부 국경선은 마침내 마천령을 넘어 길주 일대에 이르게 되었다. 이후 길주평에서 호발도를 대파함으로써 길주 일대에 대한 고려의 지배가 확실해졌고, 1390년 길주 만호부가 설치되었다. 이후 길주는 동북부 지역의 전초기지가 되어 후일 두만강 일대에 6진을 설치하는 기반이 되었다.

고려의 동북부 지역 영토선이 길주로 북상하고 있는 동안, 서북부

＊ **이성계와 여진** | 이성계는 함경남도 일대에서 대토호로 성장했다. 함경북도 일대는 여진 추장 이지란이 장악하고 있다가 이성계 휘하로 들어갔다. 이지란의 귀부로 이성계는 고려 동북면과 동북 만주 일대의 여진을 지배하게 되었고, 그의 군대도 상당수 여진으로 구성되었다. 조선 왕조 건국 후 이성계가 아들 이방원에 의해 왕위에서 축출되자, 여진은 조사의의 난에 가담하여 이성계를 복위시키려 했을 만큼 여진 사이에서 이성계의 명망은 높았다.

지역의 영토선은 강계로 북상하고 있었다. 독로강 일대에 만호를 설치한 이래 1369년에는 그 이름을 강계로 고치고, 진변, 진성, 진안, 진녕 등 4군을 설치했다. 강계는 압록강 하류, 중류 일대의 의주, 창성, 벽동, 초산, 위원을 압록강 상류 일대로 잇는 거점이었고, 후일 압록강 상류 일대의 4군 개척의 전초 기지가 되었다.

동북부의 거점인 길주와 서북부의 거점인 강계가 확보되자, 동북부 지역과 서북부 지역을 잇는 거점이 필요했다. 1391년 본래 허천부였던 곳을 갑주라 칭하고 만호부를 두었다. 갑주가 확보되면서 고려의 북방 영토선은 강계-갑산-길주로 이어졌다. 고려의 마지막 북방 영토선은 압록강 하류에서 시작하여 압록강 중류의 창성, 벽동, 초산, 위원으로 이어진 후 강계와 연결되었고, 다시 갑산을 거쳐 길주로 이어지면서 동해안에 이르렀다.

명의 철령위 설치 기도와 요동 정벌 추진

1368년 명이 건국된 이래 고려 정부는 대외 정책에 입장 차이를 두고 친명파와 반명파로 갈렸다. 공민왕은 친명 정책을 표방하여 명과 친선 관계를 갖고자 했고 명으로서도 요동과 동북 만주의 원의 잔여 세력을 소탕하기 위해서는 고려와 우호적인 관계가 필요했다. 그러나 명이 고려에 위압적인 태도를 취하자 고려 안에서는 반명 감정이 높아져가고 있었다.

1387년 명 태조는 원의 잔여 세력인 나하추를 정벌했고, 이에 따라 명의 세력은 요동에서 동북 만주에 걸쳐 비약적으로 확대됐다. 나하추를 정벌한 바로 그 해 명 태조는 철령 이북, 이동, 이서의 땅을 회수한다는 이른바 철령위 설치를 통고했다. 명은 원의 영토를 계승했으므로 자연히 원의 영토였던 지역은 명의 영토라는 것이었다.

명의 철령위 설치 통고는 원으로부터 수복한 영토를 다시 명에게 뺏기는 것을 의미했다. 고려 정부는 이 문제를 두고 명을 공격할 것인가 화의를 청할 것인가를 두고 논란이 분분했다. 대세는 화의를 구하는 쪽으로 기울어 박의중을 명에 파견했다. 박의중은 명 태조에게 "철령 이북, 문주, 고주, 화주, 정주, 함주 등 여러 주를 거쳐 공험진에 이르는 지역은 이전부터 본국의 땅으로 공험진 이북은 명에 속하고 공험진 이남에서 철령까지는 본국에 속한다"고 주장했다. 윤관의 9성 설치 때 두만강 북쪽에 설치된 공험진 이남의 땅은 모두 고려 땅이라는 것이다.

그러나 명은 고려의 입장을 수용하지 않았다. 1388년 명이 철령위 지휘도사鐵嶺衛指揮都司를 설치하여 무력으로 철령 이북을 점령하려 하자 고려의 위기감은 고조되었다. 당시 실권자 최영은 회의를 열어 명이 요구하는 땅을 줄 것인가를 물었고, 여론은 요동 정벌로 기울었다.

요동 정벌은 공민왕 때 부원파 기씨 일족의 근거지를 토벌하기 위해 여러 차례 단행된 적이 있었다. 가장 큰 성과를 올린 것은 이성계가 주도한 요동 정벌이었다. 1370년 정월, 이성계는 동북면에서 황초령을 넘어 압록강 중류의 우라산성을 공격하여 점령했고, 같은 해 8월 의주에서 압록강을 건너 요양 동녕부를 정복하고 "요하 이동은 본국 강역내의 백성이다"라고 하여 그곳 주민 2천 3백 호를 대거 본국으로 귀환시킨 바 있었다.

공민왕 때 이성계는 요동 정벌의 선봉에 섰지만, 최영의 요동 정벌에는 반대했다. 이성계는 요동 정벌의 불가함에 대해 네 가지 이유를

[지도 2-34] 고려의 요동 정벌 추진과 위화도 회군

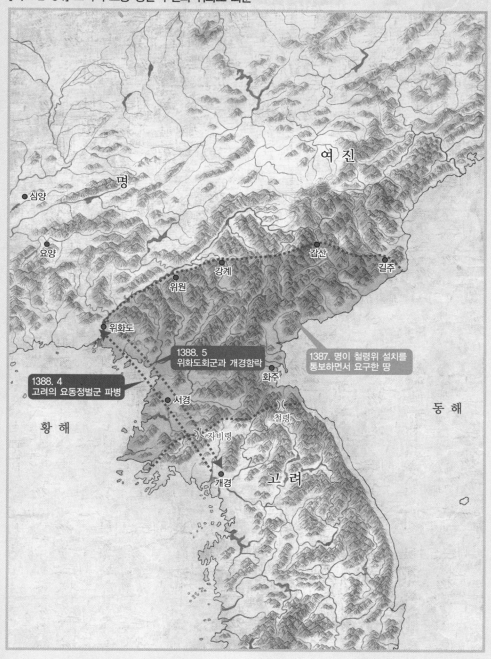

여 진

명

심양

요양

갑산

강계

길주

위원

위화도

1388. 5
위화도회군과 개경함락

1387. 명이 철령위 설치를
통보하면서 요구한 땅

화주

1388. 4
고려의 요동정벌군 파병

서경

동 해

황 해

철령

자비령

개경

고 려

들었다. 작은 나라로서 큰 나라에 거역할 수 없다는 것, 여름철에 전쟁을 일으키는 것, 온 나라가 원정을 떠나면 왜구가 그 허점을 노린다는 것, 시기가 마침 덥고 비가 올 때이므로 창과 활이 헐거워지고 군사들이 질병에 걸린다는 것이었다.

그러나 고려는 요동 정벌을 단행하기로 했다. 최영을 팔도 도통사, 조민수를 좌도 도통사, 이성계를 우도 도통사로 삼아 서경에 본영을 설치했다. 10만 군대가 편성되었고 출병 3일 후에는 그동안 사용하던 명의 연호를 정지했다. 그러나 이성계는 압록강 하구에 있는 섬 위화도에서 군대를 돌려 개경으로 진격하여 최영을 비롯한 반명파를 숙청했다. 이로 인해 요동 정벌은 무산되었고, 이는 고려의 마지막 북진 정책이 되었다. 이성계는 위화도 회군으로 실권을 잡고 조선을 건국하는 기틀을 마련할 수 있었다. 결국 명의 철령위 설치 통고는 고려에 정변을 일으켜 조선 왕조 개창의 길을 열어 놓았던 것이다.

4 조선의 북진과 압록강―두만강 선

조선 건국과 요동 정벌 추진

위화도 회군으로 정권을 잡은 이성계는 4년 후인 1392년에 조선 왕조를 개국했다. 조선 왕조는 명과의 관계에 있어 친선 외교가 주축이었다. 그러나 건국 초기에 명과 조선은 요동을 둘러싸고 계속 갈등을 빚고 있었다. 명은 조선이 요동으로 진출하려는 움직임을 경계했고, 조선은 명이 압록강 인근으로 진출하려는 움직임을 경계했다. 이는 해당 지역의 여진을 누가 복속하느냐의 문제이기도 했다. 두 나라의 갈등은 1393년 외교 문서를 둘러싼 분쟁으로 터진 이후 5여 년 동안 심각한 대립 양상을 보였다.

명 태조는 조선이 명에 보낸 외교 문서 안에 명을 모욕하는 뜻이 담긴 글자가 있다 하여 조선 사신을 억류시키고 그 문서를 작성한 책임자를 명으로 압송할 것을 요구했다. 명 태조는 조선이 요동 정벌을 감행할지도 모르며 그 중심 인물이 정도전이라는 사실을 간파하고 있었다. 따라서 문제가 되는 외교 문서 작성의 책임자로 정도전을 지목하고 정도전을 명으로 압송할 것을 요구했다. 그러나 조선은 정도전을 보내지 않았고 두 나라 관계는 악화되었다.

명이 위압적인 태도로 일관하자, 조선은 요동 정벌을 준비했다. 군제를 정비하고 있던 정도전은 1397년부터 요동 정벌을 표면화시키고 태조가 찬성함으로써 이듬해에는 국가 정책으로 자리 잡았다. 그러나 그 해 8월에 이방원이 일으킨 1차 왕자의 난으로 요동 정벌을 계획하던 두 주역은 실각했다. 정도전은 주살되었고 태조도 왕위에서 물러나야 했다.＊

이방원이 주도한 정변은 비단 왕위 계승을 둘러싼 갈등의 표출만

＊ **정도전의 요동 정벌** | 조선 개국의 1등 공신인 정도전은 대명 사대에 앞장섰던 인물이다. 그러나 정도전은 국가적 자존심과 주체성이 투철했던 인물로, 태조에게 요동 정벌을 설득할 때도 '지난 날 외이外夷로 중원에 들어가 왕이 되었던 자'들의 실례를 제시할 만큼 대담했다. 정도전에게 사대 외교와 부국강병은 별개가 아니라 국익을 추구하는 하나의 사안이었다. 사대 외교와 사대주의는 정도전의 예에서 나타나는 것처럼 구분되어야 한다.

이 아니라 요동 정벌을 둘러싼 대명 관계의 입장 차이도 작용하고 있었다. 최영의 요동 정벌에 반대하여 이성계가 위화도 회군이라는 정변을 단행하여 정권을 잡은 것과 같은 양상이었다. 이방원의 정변으로 조선의 요동 정벌은 수포로 돌아갔고, 명에서도 조선에 고압적인 정책으로 일관하던 명 태조가 사망함으로써 양국의 대립은 해소되었다.

그러나 1402년 명 성조(영락제)가 즉위한 후 두 나라의 관계는 다시 악화되기 시작했다. 명 성조는 대외 정벌을 적극적으로 펼쳐 중국 최고의 군인 제왕으로 평가받는 인물이다. 명 성조는 베트남을 정복했고, 정화에게 대선단을 이끌고 동남 아시아에서 인도양을 거쳐 아프리카 동해안에 이르는 대규모 원정을 하게 했다. 그리고 몽고를 직접 정벌했고, 요동과 동북 만주의 여진 정벌을 단행했다. 특히 명 성조의 여진 정벌이 압록강, 두만강 일대에 미치면서 조선과 명의 갈등은 영토 분쟁으로 나타났다.

두만강 일대를 둘러싼 명과의 분쟁

명 성조는 여진 정벌을 마친 지역에 여진을 통할하는 기관으로 위衛를 설치했다. 위를 통한 여진 지배는 여진을 명의 세력 아래 두면서 이들의 자치를 인정하는 중국의 전통적인 변방 통치 방식이었다. 명 성조는 압록강−두만강 일대의 여진을 통할하기 위한 기관으로 건주위建州衛를 설치하고 건주위에 속한 여진의 조선 입공을 금했다. 이는 조선에 복속하고 있던 압록강−두만강 일대의 여진이 명에 복속되는 것이었으며, 조선의 북방 방어선이 약화되는 것을 의미하고 있었다.

[지도 2-35] 14세기 초반 동북아시아 정세

달 단

송 화 강

송 화 강

목 단 강

해 서 여 진

장춘

길림

선춘령비(공험진)

온성

건주좌위

회령

요 하

심양

혼 하

태자하

요양

건주본위

통화

건주여진

백두산

두만강

갑산

강계

길주

대릉하

명의 요동변장

압록강

위원

단동

의주

조 선

동 해

장성

산해관

평양

황 해

명

1403년 압록강의 지류인 파저강 일대에 건주본위가 설치되자 조선은 '이는 우리의 목을 조르고 오른 팔꿈치를 잡아당기는 셈'이라고 하여 우려를 금치 못했다. 더욱이 명의 여진 지배가 두만강 일대로 미치자 조선의 우려는 고조되었다. 태종은 고려 때 윤관이 여진을 정벌하고 선춘령비를 세운 사실을 고려 실록에서 조사하도록 하여 명과의 영토 분쟁을 준비했다.

이듬해인 1404년 명 성조는 철령 이북은 예로부터 요와 금의 땅이니 그곳 10처의 백성을 명으로 보내라고 요구했다. 영토를 내놓으라는 직접적인 요구는 아니었으나, 백성을 명으로 보내라는 것은 기본적으로 철령 이북의 지역이 명에 귀속된다는 논리였다. 명 태조의 철령위 설치 통고와 같은 입장이었다.

조선은 명에 김첨을 사신으로 파견했다. 김첨은 요와 금의 지리지에 10처의 이름이 없다는 사실을 지적했다. 그리고 고려 때 윤관이 설치한 9성 중에서 공험진이 두만강 북쪽 700리에 위치했으므로 공험진 이북은 명의 땅이고, 공험진 이남은 조선의 땅이라고 주장했다. 즉 공험진 이남은 조선에 귀속된다는 것이다.

두만강 일대의 여진 귀속을 둘러싸고 명과 조선이 치열한 각축을 벌이던 1405년, 조선은 여진 각 부족에게 엄청난 양의 하사품을 안기는 공세를 펼쳤다. 두만강 일대의 친조선적인 여진은 조선의 동북부 지역의 울타리 역할을 하고 있었기 때문에 이들이 명의 세력권으로 편입되는 것을 막기 위한 회유책을 폈던 것이다.

태종은 다시 사신을 파견하여 공험진 이남이 윤관 이래로 조선에 귀속된다는 사실을 주장했고, 그때서야 명 성조는 조선의 주장에 승복했다. 이는 명이 두만강 일대에 대한 조선의 역사적 연고권을 인정

[지도 2-36] 명과 조선이 합의한 동북부 경계

여 진

1405년
명과 조선의
동북부 경계 합의선

선춘령비(공험진)

만 강

두 만 강

명의 요동변장

파
저
강

1403년 명
건주위 설치

갑산

길주

압 록 강

강계

위원

의주

명

영흥

동 해

평양

조 선

철령

1404년
명 성조 철령
이북의 백성 환부 요구

황 해

한 것으로 그간의 논쟁에서 조선이 승리한 것이었다. 이로써 공험진 이북은 명에 속하고 공험진 이남은 조선에 속한다는 합의가 이루어 졌고, 이후 명과의 영토 분쟁은 일어나지 않았다.

태종은 정도전과 이성계의 요동 정벌을 무화시킨 장본인으로 명에 대한 사대 외교를 표방했다. 그러나 태종은 표면적인 사대 외교와는 달리 두만강 일대의 여진을 붙들어두기 위해 명과 팽팽한 각축을 벌 였다. 조선 초기의 사대 외교는 조선 중기 이후의 모화적 사대 외교 와는 달랐던 것이다. 조선은 명 중심의 국제 질서를 인정하는 가운데 실질적인 국가 이익을 추구하고 있었다.

또한 중요한 것은 두만강 일대를 놓고 벌인 연고권 논쟁에서 조선 은 공험진이 두만강 북쪽 700리에 설치되었다는 사실을 제시했고, 명이 이를 인정했다는 것이다. 조선 동북부 지역의 영토가 두만강으 로 북상하는 데는 고려의 9성 설치가 결정적으로 작용했고, 이는 조 선이 고려와 달리 고구려 계승 의식이 아닌 고려 계승 의식으로 북진 정책을 추진했음을 보여준다.

4군 6진의 설치

명과 조선 사이에 영토 경계가 합의되었다 해도 명이 대외 팽창을 추구하는 한 조선은 적극적인 북진 정책을 펼 수 없었다. 그러나 명 성조가 사망한 후부터 명은 재정적인 부담을 가중시키는 대외 팽창 을 포기했다. 또한 명의 여진에 대한 장악력이 쇠퇴했고, 조선에 대 한 견제도 약화되어 조선이 북방으로 영토를 확장할 수 있는 여건이 형성되고 있었다.

조선이 압록강─두만강 선으로 영토를 확장하기 위해서는 이 일대에 거주하면서 조선 영토를 끊임없이 침입하는 여진을 축출해야 했다. 하지만 여진이 대규모로 침입할 때면 북방에 설치한 군사 기지들은 후방으로 퇴거하는 일이 자주 발생했다. 세종은 "조종의 옛 강토를 한 치라도 줄일 수 없다"는 입장을 고수하며 보다 근본적인 북방 개척을 구상하고 있었다.

그러던 중 1432년 여진 추장 이만주가 압록강 일대를 대거 침입하는 사건이 발생했고, 이듬해 1433년에는 두만강 일대의 여진 세력 사이에 큰 내분이 일어났다. 북방 개척의 절호의 기회라 여긴 세종은 압록강 상류 일대에는 최윤덕을, 두만강 일대에는 김종서를 파견하여 여진 정벌을 단행함으로써 4군 6진 개척이 본궤도에 올랐다.＊

고려 말의 국경은 강계-갑산-길주를 잇는 선이었다. 압록강 상류 일대로 진출하기 위한 전초 기지는 강계와 갑산이었고, 이를 토대로 1416년에 여연군이 설치되어 있었다. 그러나 여연은 강계와 갑산에서 너무 멀리 떨어져 있었기 때문에 위급한 상황에 대처하기 어려웠고, 이로 인해 여진의 침략이 잦았다.

최윤덕의 여진 정벌이 있고 난 후, 여연과 강계 사이의 요충지에 자성군이 설치되었고 여연과 갑산 사이의 요충지에 무창군이 설치되었다. 그런데 여연과 자성의 거리가 멀어 여진의 기습을 막지 못하게 되자, 여연과 자성 사이의 요충지에 우예군을 설치함으로써 여연, 자성, 무창, 우예의 4군 설치가 완료되었다. 태종대에 여연군이 설치된 이래 세종대에 자성군(1433), 무창군(1439), 우예군(1443)의 설치에 이

＊ **세종의 영토 의식 |** 세종은 한글 창제, 과학 기기 발명 등으로 알려진 호학 군주이기도 하지만, 강한 영토 개척 의지를 실현했던 영토 군주이기도 했다. 신하들의 반대에도 불구하고 4군 6진 개척을 단행했고, 4군 6진 개척 후에는 두만강 너머 지역에도 관심을 나타내어 선춘령비를 찾게 했고, 그 일대의 고성들을 조사하게 했다.

[지도 2-37] 4군 6진의 설치

명

여 진

4군 6진 후의 국경

온성　경원
종성
회령　경흥

6진 설치
(1392~1449)

백두산

부령

4군 설치
(1416~1443)

여연
우예
무창
자성
강계

갑산

고려 말의 국경

파
저
강

위원

압록강

길주

의주

조 선

동 해

황 해

평양

르기까지 소요된 기간은 27년이었다.

두만강 일대의 6진 개척은 4군 개척보다 더 오랜 시간이 걸렸다. 두만강 진출의 전초 기지는 갑산과 길주였고 1392년에는 이곳에서 북상하여 경원에 도호부를 설치하였다. 두만강 일대는 조선 왕조의 건국 기틀이 마련된 곳으로, 특히 경원은 이성계의 할아버지 이안사(목조)의 무덤이 있는 곳이기도 했다. 그러나 경원은 여진의 침입을 자주 받았고 이로 인해 경원 도호부가 후방으로 퇴거하는 일이 여러 번 있었다.

김종서는 7여 년 동안 동북부 개척에 주력하여 두만강 일대의 여진을 축출했고, 이후 이 지역의 각 요해처에 진이 설치될 수 있었다. 경원 도호부(1434), 회령 도호부(1435), 종성 도호부(1441), 온성 도호부(1441), 경흥 도호부(1443)의 5진이 설치되었고, 이후 5진을 아우르는 후방 기지로 내륙 지역에 부령 도호부(1449)가 설치됨으로써 6진 개척이 완료되었다. 경원을 군사 거점으로 삼았을 때로부터 6진 개척이 완료되기까지는 60여 년의 세월이 소요되었다.

4군 6진의 설치로 조선의 북방 경계는 압록강-두만강으로 형성되었다. 그러나 4군은 오래 유지하지 못하고 폐지되었다. 4군 지역은 교통이 불편하고 토지가 척박하여 백성이 거주하기가 어려웠으며, 지형적으로도 4군 전체가 여진이 침입하기는 쉬웠던 데 반해 조선이 방어하기에는 어려웠다. 세종 사후 4군 폐지론이 나왔고, 단종대에 여연, 자성, 무창 등 3군이 먼저 폐지되었고 세조대에 우예군마저 폐지되었다. 이후 이 지역은 폐사군廢四郡으로 불렸다. 폐사군 지역에는 93개소의 파수처를 두어 군사 방어 시설을 유지했다.*

이때 형성된 압록강-두만강 국경은 오늘날과 같은 국경선 개념은 아니었다. 전통 시대의 국경은 점이 지대에 놓여 있었고, 명확한 선을 긋지 않았다. 엄밀히 표현하면 압록강-두만강 일대를 국경 지대로 삼는다는 정도였다. 압록강-두만강 일대를 중심으로 하여 점이 지대 전체를 국경으로 인식했던 것은 후일 이 지대를 둘러싸고 영토 분쟁이 야기되는 배경이 되었다.

✱ **4군 6진 설치 후의 여진 침입** | 4군 6진 개척 후에도 여진의 침입은 계속되었다. 조선은 여진 침입의 피해가 클 때는 대규모 정벌을 단행하여 여진 본거지를 초토화시켰다. 그러나 4군 6진 후의 여진 정벌은 일시적인 응징의 성격을 띨 뿐이어서 정복한 지역을 영토로 개척하지는 않았다. 이미 확보된 압록강-두만강 지대를 넘어 북상하지는 않았던 것이다.

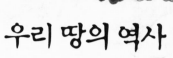

우리 땅의 역사
공간 연표

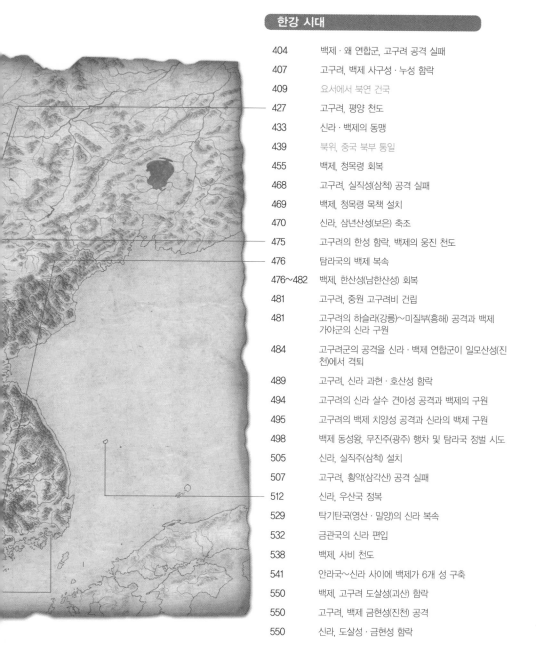

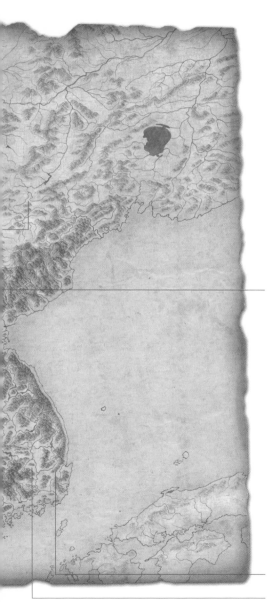

1712	강희제, 국경 조사 통보
1727	강희제, 러시아와 키타아크 국경 조약 체결
1787	프랑스 함대, 울릉도를 다줄레 섬으로 명명
1849	프랑스 함대, 독도를 리앙꾸르 암으로 명명
1858	천진 조약, 러시아 외흥안령, 흑룡강 사이의 60만 평방키로미터 확보
1860	북경 조약, 러시아 우수리강 동쪽의 40만 평방키로미터 확보
1861	김대흥, 녹둔도가 러시아 영토로 편입된 것을 정부에 보고
1864	러시아 새로 44만 평방키로미터 확보
1868	일본, 명치유신
1869	일본, 정한론 대두
1873	일본, 정한론자 실각
1876	강화도 조약 체결
1882	임오 군란, 청 세력 강화
1882	조선 정부 울릉도 실태 조사
1882	청, 간도 조선인 청 국적에 포함시키겠다고 통고
1883	김옥균을 울릉도에 파견, 종래의 공도 정책 포기
1884	어윤중, 녹둔도 실태 조사
1885	청과의 1차 간도 국경 회담, 을유 감계 회담
1885	영국, 거문도 불법 점령
1886	조선 정부 녹둔도 문제 훈춘 회담에 상정해줄 것을 요청
1887	영국, 거문도 철수
1887	청과의 2차 간도 국경 회담, 정해 감계 회담
1894	일본군의 경복궁 점령. 청·일 전쟁 발발 동학 농민 전쟁 발발.
1895	청·일 전쟁 종결과 시모노세키 조약
1895	러시아의 삼국 간섭과 일본의 요동 반도 반환
1895. 10	명성 황후 시해
1896. 2	아관 파천
1896. 5	러·일 협상의 시작-일본의 39도 선 분할 제안, 모스크바 의정서 체결

1945. 9	미군의 남한 진주
1946	연합국 최고 사령부에 의해 독도 반환
1948	제헌 국회, 헌법에 영토 조항 넣음
1950	6 · 25 전쟁
1952	이승만 〈인접 해양의 주권에 관한 대통령선언〉 발표, 일본과의 독도 분쟁
1953	울릉도민, 민간 독도 수비대 결성
1954	일본, 독도를 영토 분쟁 지역으로 헤이그 국제 사법 재판소에 회부
1956	민간 독도 수비대, 경찰에 방어 임무 인계
1957	한국, 국제 수로 기구 가입
1962	북한, 중국과 국경 조약 체결, 홍토수를 경계로 함
1965	한일 기본 조약 조인, 한일 어업 협정 조인
1984	북한과 소련의 국경 조약
1992	제6차 유엔 지명 표준화 기구에서 '동해' 표기 주장
1992	한중 수교
1994	배타적 경제 수역에 관한 유엔 해양법 협약 발표
1995	제6차 동부 아시아 수로 위원회 정기 총회에서 '동해' 표기 주장
1997	제15차 국제 수로 기구에서 『해양과 바다의 경계』의 '일본해' 표기 문제점 지적
1998	일본의 (구)한일 어업 협정 파기 통고
1999	(신)한일 어업 협정 체결
2002	중국, 동북 공정 추진
2004	중국, 고구려 유적 세계 문화 유산으로 등재
2005. 3	일본 시마네현 '다케시마의 날' 제정

참고문헌

강만길 외, 『한국사』 25-연표1, 한길사, 1994.

고구려연구재단 편, 『중국의 동북변강 연구-동향분석』, 2004.

공석구, 『고구려 영역확장사 연구』, 서경, 1998.

국방군사연구소, 『국토개척사』, 1999.

국사편찬위원회, 『한국사』 1~51, 1996.

권오중, 『낙랑군연구』, 일조각, 1992.

김신, 『동해의 경계와 명칭』, 지영사, 2004.

김용만 외, 『지도로 보는 한국사』, 수막새, 2004.

김원웅, 『간도백서』, 다락방, 2004.

김한규, 『요동사』, 문학과지성사, 2004.

김한규, 『천하국가』, 소나무, 2005.

김한규, 『한중관계사』 I, 아르케, 1999.

노태돈, 『단군과 고조선사』, 사계절, 2000.

노태돈, 『고구려사 연구』, 사계절, 1999.

리지린, 『고조선 연구』, 열사람, 1989.

마대정 지음, 이영옥 번역, 『중국의 동북변강연구』, 고구려연구재단, 2004.

박순발 외, 『마한사 연구』, 충남대학교 출판부, 1998.

백산학회, 『간도 영유권문제 논고』, 백산자료원, 2000.

백산학회, 『한국의 북방영토』, 백산자료원, 1998.

복기대, 『요서지역의 청동기시대 문화연구』, 백산자료원, 2002.

서울대학교박물관, 『특별전 고구려-한강유역의 고구려 요새』, 2000.

손진기, 『동북민족원류』, 동문선, 1992.

송호정, 『한국 고대사 속의 고조선사』, 푸른역사, 2003.

시노다 지사쿠 저, 신영길 역, 『간도는 조선땅이다』, 지선당, 2005.

신용하, 『독도의 민족영토사 연구』, 지식산업사, 1996.

아틀라스한국사 편찬위원회, 『아틀라스 한국사』, 사계절, 2004.

안주섭, 『고려거란전쟁』, 경인문화사, 2003.

유득공(송기호 옮김), 『발해고』, 홍익출판사, 2000.

육낙현 편, 『백두산정계비와 간도영유권』, 백산자료원, 2000.

윤병석, 『간도역사의 연구』, 국학자료원, 2003.

이기백 · 이기동, 『한국사강좌』 1, 일조각, 1982.

이민원, 『명성황후 시해와 아관파천』, 국학자료원, 2002.

이부오, 『신라 군 · 성(촌)제의 기원과 소국집단』, 서경, 2003.

이상태, 『한국고지도발달사』, 혜안, 1999.

이인철, 『고구려의 대외정복 연구』, 백산자료원, 2000.

이종욱, 『신라국가형성사연구』, 일조각, 1982.

이진명, 『독도, 지리상의 재발견』, 삼인, 2005.

이진희 저, 이기동 역, 『광개토왕릉비의 탐구』, 일조각, 1982.

이한기, 『한국의 영토』, 서울대학교출판부, 1969.

이현혜, 『삼한사회형성과정연구』, 일조각, 1984.

임병태, 『한국 청동기문화의 연구』, 학연문화사, 1996.

임채청 외, 『간도에서 대마도까지』, 동아일보사, 2005.

전쟁기념사업회, 『한민족역대전쟁사』, 행림출판, 1992.

조이옥, 『통일신라의 북방진출 연구』, 서경, 2001.

중국사회과학원, 『중국역사지도집』 1~8, 중국지도출판사, 1982.

최근영, 『통일신라시대의 지방세력연구』, 신서원, 1990.

최몽룡 외, 『동북아 청동기시대 문화 연구』, 주류성, 2004.

최영준, 『영남대로』, 고려대학교 민족문화연구소, 1990.

충남대학교 백제연구소 편, 『고대 동아세아와 백제』, 서경, 2003.

충남대학교 백제연구소, 『백제의 중앙과 지방』, 1997.

한국고대사연구회 편, 『신라말 고려초의 정치사회 변동』, 신서원, 1994.

한규철, 『발해의 대외관계사』, 신서원, 1994.

한일관계사연구회, 『독도와 대마도』, 지성의 샘, 1996.